チームスポーツに学ぶボトムアップ理論

高校サッカー界の
革新者が明かす
最強の組織づくり

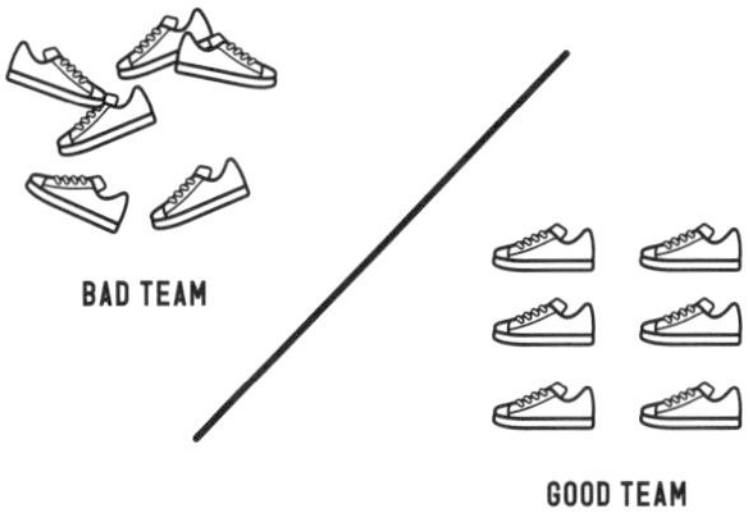

広島県立安芸南高等学校サッカー部監督
一般社団法人ボトムアップパーソンズ協会 代表
畑 喜美夫

KANZEN

はじめに

私は、指導ミッションとして「自主自立の人間育成」、つまり「自分で考えて、自分で判断し行動でき、将来社会の中で一人でも生き抜ける人材をつくる」ということを念頭に置いています。

それが「人間力」を磨くことにつながると考えているからです。

「人間力」には、知力、体力、気力、実践力、コミュニケーション力といった社会でも必要とされる能力が含まれます。私はサッカーという分野で、それらを伸ばすことを一番のミッションとして指導をしてきました。

その指導の根底には、小学校、中学校時代に所属していた広島大河フットボールクラブで、恩師・浜本敏勝先生から受けた指導があります。浜本先生の指導法は、子どもたちが自分で考えて判断できるような声がけやコーチングをするのです。その指導は、現在の自分を形成したといっても過言ではありません。

広島観音高校赴任当初から「自主自立の人間育成」というミッション（目的）と、「魅力的なサッカーチームにする」というビジョン（目標）を骨組みとして、「人間力」を磨くことに注力してきました。

赴任して2年目からは、県大会ベスト４に名を連ねるようになり、そして10年目に全国高校総体（インターハイ）で初出場、初優勝というビッグタイトルを取るチームへと成長しました。選手たちが主体となって組織づくりを行う「ボトムアップ理論」を確立させていきました。

その後、私は２０１１年に、現在の勤務先である広島県立安芸南高校に異動になりました。ここでも広島観音高校と同様にボトムアップ式指導をしました。赴任当初、安芸南高校は県リーグ４部で、県全体でも１００チーム中60位くらいのチームでしたが、3年目に県大会出場の県32位、そして、ここ3年間は県ベスト8を維持するチームへと成長しています。

まだまだこれからのチームですが、嬉しいことに私が提唱し続けてきた「ボトムアップ理論」は、全国へと広がりつつあります。時には、全国の指導者やチームが視察で私たちのもとを訪れてくれます。サッカーチームだけでなく、他のスポーツ関係者や、企業経営者、教育団体の方々も来られることがあります。また、様々な講演会を通じて、企業の経営者の方々が、人材育成や組織構築に行き詰まりを感じられ、悩まれていることを知りました。まさに、生き抜く人材育成がどの分野にも早急に解決すべき課題であり、これからの国際化、グローバル化の中で勝ち抜ける組織の構築が急がれているのです。

そのためにも「自分で考えて、自分で判断し行動でき、将来社会の中で一人でも生き抜ける人材をつくる」ボトムアップ理論のベースは、サッカー界のみならず、他のスポーツ界やビジネスシーンでも活用できると感じています。

本書は、これまで私がボトムアップ理論を用いて培った経験やメソッドを参考に、企業の経営者、幹部社員、リーダーの方々やスポーツ指導者の方々、そして広くビジネスにかかわっておられる方々に向けて、何か手助けができればと筆をとりました。「ボトムアップ理論」が、さまざまな分野の人材育成、さらには組織構築の一助になれば幸いです。

チームスポーツに学ぶ
ボトムアップ理論

目次

はじめに …… 2

序章 ボトムアップ理論とは …… 9

第1章 自己を高める「個」の強化 …… 19

01 セルフコントロールができるリーダーをめざせ …… 20
02 トレーニングでアサーションを身につける …… 24
03 リーダーはファシリテーターに徹することができるか …… 28
04 それぞれの立場で全力を尽くせるか …… 32
05 「やらされる仕事」から「やる仕事」へ導く …… 36
06 快活さをもって仕事に臨む …… 40
07 理不尽がはびこる社会をどう楽しめるか …… 44
08 自己中心から他者中心の考え方に …… 48
09 「認める」「任せる」「考えさせる」で会話力向上 …… 52
10 良いところを見つけて伸ばす …… 56

第2章 組織を動かすマネジメント術 …… 61

11 全員が主役となって個と組織を育てる …… 62
12 仕組みづくりと仕掛けづくり …… 68
13 信頼関係を築くノートの活用術 …… 72
14 「量より質」を重視する …… 78
15 打てば響く組織の構築 …… 84
16 料理人のようにどんな素材でも活かす術を身につける …… 88
17 「教えて」と聞く評価 …… 92
18 ミスにも「いいね！」の環境づくり …… 96
19 共通認識のために必要な合言葉の設定 …… 100
20 見られることの相乗効果とは？ …… 104
21 不満分子の育て方 …… 108

第3章 オプションを生み出す多様性 …… 113

22 縦関係の逆発想 …… 114
23 ワクワクするから結果が出る …… 118
24 トップボトムアップで活性化を図る …… 122
25 積み上げ方式からゼロベース方式への勇気 …… 126
26 人が見ていないときでも当たり前のことを …… 132

27 真似こそ、ベリー・クリエイティブ …… 136
28 「屠龍技」を意識する …… 140
29 見えるプロセスよりも見えないプロセスを大切に …… 144

第4章 次世代へつなげる環境づくり …… 149

30 人間力が組織を前進させる …… 150
31 強く素敵な組織とは …… 154
32 「監督いらないじゃないですか」は、最高のほめ言葉 …… 158
33 広告宣伝がなくても行列ができる飲食店 …… 162
34 リーダーはいつも背中で語る …… 166

全国の企業や教育団体に広がるボトムアップ理論

Case1 ダイキチカバーオール株式会社 …… 60
Case2 リトルニュートンインターナショナル幼稚舎 …… 112
Case3 カラオケスタジオ「ビリー・ザ・キッド」…… 148

おわりに …… 170

序章

ボトムアップ理論とは

■トップダウンとボトムアップの違い

ボトムアップ理論の前に、二つの指導スタイルを説明します。ボトムアップとは「下から上へ」「下意上達」。**組織の目的、目標を踏まえ構成員からの意見を吸い上げてトップが決定するスタイル**です。サッカーチームでいえば、監督は選手に指示や命令をせず、選手に考えさせ、認め、任せる指導法です。

ボトムアップの反対はトップダウンです。「上から下へ」、「上意下達」。サッカーチームでいえば、監督からすべて指示・命令があり、それに従って選手が動くスタイルです。大半のチームはこのスタイルですが、100人の指導者がいれば、それぞれの考え方も違ってきますので、トップダウンを支持する指導者もいます。ボトムアップ理論は選手が主役です。トップダウンが決して悪いというわけではありません。ボトムアップ理論は選手主導で、練習メニュー、メンバーの選考、チーム運営のすべてを話し合い、決断し、実行します。選手たちが主体的に行動するわけですから、指導者はそれを「観守る」ことが主軸になります。指導者の役割は選手の可能性を引き出す「ファシリテーター」として存在します。

トップダウンとボトムアップの違い

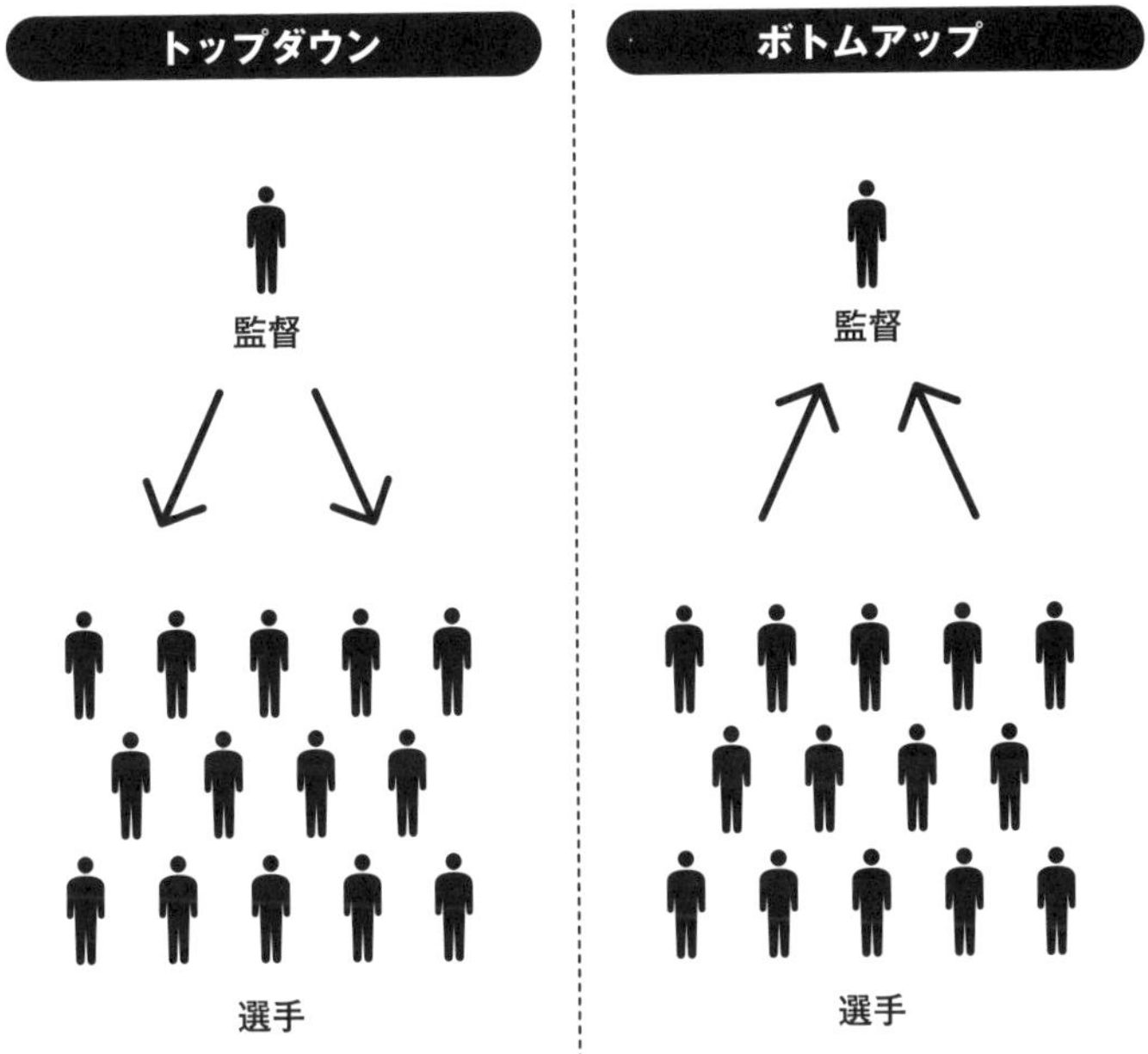

トップダウンは「上から下へ」の「上意下達」。監督が選手たちに右だの左だの動かしてチームを組織する方法です。日本の会社の大半はトップダウンが多いと言われています

ボトムアップは「下から上へ」、選手たちが自由に意見を発し、それをトップが決定するスタイル。最後に監督がその集約された意見を「よし、こんなふうにしよう」と決めていく方法です

■選手育成の3本柱

選手育成のうえでは、挨拶《あいさつ》や返事、後片付けを選手育成の3本柱と考え、子どもたちに徹底して指導していきます。

①挨拶（心のこもった挨拶はコミュニケーションの第一歩）
②返事（はい、いいえを判断して責任を持つ）
③後片付け（身の回りの整理整頓・ボトムアップ3S活動）

「挨拶」は、無理強いした上辺だけの挨拶ではなく、挨拶の本質・目的を理解させ「どんな挨拶だと、相手が気持ちよくなるかな?」と子どもたちへの問いかけから始まり、徐々に自ら行動できるように促していきます。

そもそも挨拶は、日常生活の基本となるコミュニケーションです。誰かに強要されるものではなく、自らが相手に心から敬意をはらってするものです。

二つ目の「返事」は、会話の中での「はい」「いいえ」の判断です。特に重要なポイントは、**「いいえ」を言える環境を作る**ことです。さらに、「いいえ」から「わかりません」、「僕はこう思います」と自分の意見をはっきりと言えるような、ストレスなく安心して何でも発言できる環境を心がけています。指導者と子どもたちとの関係だけではなく、子ども同士のミーティングでも**自分の意思をはっきり言い合える**かという点で重要となります。

三つ目の「後片付け・3S活動（整理・整頓・掃除）」は、部室や荷物置き場、そしてあらゆる場面での身の回りの整理整頓です。掃除は心を磨きます。特に靴や鞄を並べることは「オフ・ザ・ピッチ」の象徴的な指導になります。

いずれも、サッカーとは無関係に思えますが、日常生活の基本的なことを整えていきます。**「サッカーはサッカーだけでうまくなるのではなく、サッカーは、日常生活を含んだすべてによってうまくなる」**と考えているからです。

組織構築の３本柱

ボトムアップ理論では、次に組織構築の３本柱を掲げています。

①量より質の練習（週2回の練習）
②信頼と絆（二冊のサッカーノート）
③自主自立の精神（選手がチーム運営）

一つ目の「量より質の練習」ですが、安芸南高校では、放課後のチーム練習は火曜日と木曜日の週２回だけなのです。月、水、金曜日は休みます。そして、土曜日と日曜日は試合というのが１週間のスケジュールです。

二つ目は「信頼と絆」です。監督である私と選手、また選手同士で信頼を強めるツールとして二種類のノートを活用しています。一冊は、「サッカーノート」で、試合の反省や総評を書き込むもの。もう一冊は、「トレーニングノート」ですが、「コミュニケーションノート」とも呼びます。休みの日のトレーニングプランを書くのですが、サッカー以外のプライベートのことも書き込みます。ある意味、私と子どもたちとの交換日記的なツールです。お互いに壁をつくらず感じ合うことが大切なのです。

三つ目の「自主自立の精神」は、ボトムアップ理論で自分たちのチームづくりに取り組むためのベースとなる項目です。

ボトムアップ理論では、選手主導でチーム運営がなされます。試合登録選手、スターティングメンバー、戦術、システム、スカウティング、ゲームプラン、選手交代のタイミング、また、試合におけるウォーミングアップから1ヵ月の練習計画や1日の練習プランまで、通常であれば監督がやることを選手にすべて任せます。

■合同ボトムアップミーティングの活用

安芸南高校のボトムアップ理論の見学や視察に全国からチームが訪れます。そのときに、訪問してくれたチームと安芸南高校でトレーニングマッチを組むのですが、対戦前に各チームの主体的な選手がファシリテーターになりゲームプランを引き出させます。前半の全体像（戦術）、攻撃や守備のテーマを作戦ボードに記入し、チームでコンセンサスをとってから前半戦に臨みます（PDCAサイクル）。

ハーフタイムでは、両チームが隣り合わせのベンチで、試合前に作戦ボードに記入したテーマを確認しながら前半を振り返ります。試合前に決めたテーマや全体像（戦術）は予定通りできたか、できなかったことは原因を話し合います。攻撃、守備で良かったこと、悪かったことも検証します。次に、両チームが向かい合い、それぞれの作戦ボードを前に、訪問チームから先に検証した内容を発表していきます。

ここからが特徴的な場面です。発表を聞いた相手チームの選手が、検証結果に感想やアドバイスを寄せていきます。攻撃面で「ディフェンスの5番の寄せが早かったの

合同ボトムアップミーティングの様子。主体的な選手がファシリテーター役になって選手の意見を引き出す

で攻めにくかった」とか、守備面で「サイドチェンジの揺さぶりのギャップが大きかったので、簡単に9番の選手に裏をとられてしまった」というように検証を評価します。悪い点についても「ボランチ8番のボールを奪う位置が低かったので怖くなかった」など、できるだけ個人にフォーカスしながら背番号やポジションなど具体的な話しをすることがポイントです。悪意をもった指摘ではありません。互いに、自分たちの戦評を対戦相手にしてもらうことで、独りよがりな評価を客観的に検証することができウィンウィンな関係になるのです。

両チームの発表後は、チーム毎に戻り、評価をもとに後半の課題を作戦ボードにまとめてから後半を戦います。試合後は、各チームで後半の検証を行います。これを**「合同ボトムアップミーティング」**と呼んでいます。

ところで、皆さんは将棋の感想戦というのをご存知でしょうか？　将棋の対局が終わったあとに、もう一度最初から一手一手を再現しながら、互いに意見を出し合うことを感想戦というのです。あの一手で勝負が決まったとか、この一手はしないほうがよかったとか、互いの一手一手の思惑や判断を評価しあいます。互いに手の内を言い合うことで、次の対戦がレベルアップしウィンウィンの関係になるのです。互いに隠し事があると、ある程度のレベルで止まってしまうことが、気づきを言い合うことで、互いのレベルアップにつながっていく。合同ボトムアップミーティングと同様の発想だったのです。ビジネスでも、会社の部署同士の連携を強めて組織の生産性をあげていくために、異なる部門で合同ボトムアップミーティングを活用されたらいいのではないでしょうか。部門は異なれども同じ会社の仲間なのです。

第1章

自己を高める「個」の強化

01 セルフコントロールができるリーダーをめざせ

■常に問題を解決する方法を模索する

ボトムアップ理論は、**自ら考えて動き出す**ということが前提にあるので、自分をコントロールすることは絶対にずらしてはいけないという軸があります。世の中には原理原則というものがあって、目の前で起きている出来事は、人のせいではなくて、すべて自分が決断したことで、最終的には自分にかえってくるという原則を認識することです。

ですから、良い結果であろうとも、悪い結果であろうとも、自分で100％決断した結果に対して、それを**人のせいにするのではなく、自分で解決をしていくことに切りかえていく力が必要**になります。

たとえば、サッカーで監督が、選手のスタメンや戦略、ゲームプランを決めて、選手たちがそれを実行したのですが、試合に負けてしまったとします。そこで、監督自身が決断して進めた試合にもかかわらず、結果を選手のせいにしてしまったらどうでしょうか。

それでは、自分をコントロールできていないといえます。結果は、すべて自分の決断の評価なのだという気持ちを忘れないようにすることが大切だということです。

仕事でも同様なことがあります。良かったり悪かったり、いろいろな状況から絶対に逃げないようにしていく中で、常に問題を解決する方法を模索しながら、次のステップをめざすのです。

ボトムアップ指導では、選手たちが、スタメン、戦略、ゲームプランを決めていきます。たとえ試合に負けたとしても、自分たちで決めた選手で戦って負けてしまったのですから、結果が悪くても自分たちで受け止められます。しかし、監督が選んだ選手かつ監督の考えた戦略で戦って負けてしまい、監督におこられて終わるケースをよく目にしませんか。

■強い情熱を持って自分を律する

セルフコントロールは、「一人ボトムアップ」ともいい換えることができます。ある意味、自分を自分がコントロールするということです。ここが、まず原点となります。どんなことに対しても自分の中で考えてやっていく、そういう一つひとつの積み重ねの先に次へのステップへ移れるのです。

だからこそ、絶対に人のせいにしないとか、目の前の現実から逃げない、そしてどんな場面でも精神的に冷静さを失うことなく、自分の気持ちを保つことが大切です。

すべては、自分次第なのです。私は普段、ウエイトトレーニングをしています。もちろん道具もありますし、やり方もわかっています。そのうえで、自分をコントロールして、「たいぎー（※広島弁で「面倒だ」の意）な、疲れるな」という気持ちから安易に逃げないようにコントロールすることが大切です。ダイエットも成功するかしないかは、自分次第です。

ここで大切なことは、**リーダーが強い情熱を持って自分を律する**ことです。やはり、力のない組織、力のない社員では、湿った薪《まき》のようなもので、湿った薪を燃やすためには、リーダーが赤々と燃えていなければ、その薪には絶対に火がつかないでしょう。

ですから、そういう情熱を失わないように自分をコントロールすることが一番大事かもしれません。要は、上に立つリーダー的存在が自分をコントロールできなければ、当然教え子や部下もコントロールできないということです。

02 トレーニングでアサーションを身につける

■お互いを尊重できる自己表現をする

「アサーション」とは、日本語に訳すと自己主張という意味になりますが、ここでは、相手にも自分にも思いやりをもった、お互いを尊重する自己主張として捉えます。

ボトムアップ理論は、リーダー自らが自分を表現していかなければならないので、リーダーは自己表現の仕方を身につけておく必要があります。

自己表現には三つのタイプがあります。

①攻撃型（自己の主張だけをし、相手の主張は受け入れない）

②非主張型（自己の主張はせずに、相手の主張だけを尊重する）
③アサーティブ（自己の主張を尊重しながら、相手も配慮する）

ボトムアップ理論の自己表現には、三つ目の「アサーティブ」が最も適しています。

アサーティブは、お互いを尊重することから、相手にも自分にも心地よい表現の仕方で会話をしていくことができます。ボトムアップ理論では、ミーティングを重要なツールと考えているので、コミュニケーションがうまくいかないと、前に進むことができません。コミュニケーションの仕方としてアサーションによるスキルが重要になってくるのです。

たとえば、大好きな人からならば、理不尽なことを言われてもいうことを聞くことができるけれども、大嫌いな人からは正論を言われてもいうことを聞かないということもあるでしょう。そこには、この人には一目置いているという思いがあるので、言われたことはやっていこうという人間の心理があるからなのです。このように考えれば、コミュニケーションづくりにアサーションが重要であることは理解いただけるでしょう。

リーダーが一番気をつけなければいけないのは、特に**ミーティング**です。ミーティングのときに、**攻撃的な言葉がけをして自己表現を行うと、自分は良くても相手は萎縮して、何も発言できなくなってしまう**ということになります。

逆に非主張型で自己表現の選手が、その場では何も発言せず、後から陰で不平不満の声が聞こえてくることでしょう。つまり、アサーティブのようにお互いに尊重できるような環境づくり、表現方法を身につけていくことが重要なのです。

ボトムアップ理論では、コミュニケーションを重視しているので、アサーションというスキルは大切になります。ミーティングの話し方としては、攻撃、批判、文句は絶対に言わないようにしながら、**提案やアドバイス、勇気づけ**をしていくことにつなげます。聞き方としても、へんなプライドから過大評価や過小評価をするのではなく、常にありがとうという感謝の気持ちで聞くことがポイントになります。

安芸南高校サッカー部では、選手が自分たちでアサーションのセミナーを実施し、表現のスキルを高めています。アサーションもトレーニングをしないと身につきません。

これから本書では、リーダーが自己を高めるための考え方を話していくのですが、考え方を理解するだけでは、実際の組織は動きません。その考え方からスキルを身につけるためのトレーニングをしていくことで、ボトムアップ理論の実践へとつながっていくのです。

03 リーダーはファシリテーターに徹することができるか

■自己の言動は慎んで周りの意見を引き出す

安芸南高校では、選手たちのミーティングがあらゆる場面で登場します。試合の前、ハーフタイム、試合の後、試合中でも失点した直後には、ピッチ内で円陣を組んで話し合いが行われます。「オフ・ザ・ピッチ」においても、ミーティングは何度も繰り返して行われます。

その中で、重要視しているのが進行役となる「ファシリテーター」の存在です。ファシリテーターとは、**中立的な立場で、意見や対話が活性化するように整理をして、学習などの知的創造活動を促す**黒子的な役割を務めます。

また、流れや結果のように目に見えるプロセスと、人の心情の変化など目に見えないプロセスを見極めながら柔軟にすすめていくことも、とても重要ですが、ファシリテーターは、司会者ではありません。時間をコントロールしていくだけでいいというわけではないのです。

大切なのは、ミーティングの質を高めるために、**自分の言動を慎んで参加者の意見を引き出す**ことです。こうしたファシリテーターになれる人材が組織の中に増えていくことによって、個も組織も育っていく土台づくりができます。

ミーティングの質が高いものになるかは、ファシリテーターしだいといえましょう。ファシリテーターが参加者の意見を引き出すことで、参加者から個の主張やいい意見もでてくるようになり、問題解決に向けてミーティングも活性化されるのです。

会社に置き換えると、社長からの「どう思うか?」という言葉がけがあれば、考える社員も出てくるわけですが、社長が「僕は、こう思うから、そうしろ!」と言ってしまうと、社員は反対意見だったとしても「そうですね」と同調してしまうか、黙ってしまうことになりかねません。

したがってリーダーは、ファシリテーターに徹して、個の意見を引き出し、問題解決に導く存在にならなくてはいけないのです。

ボトムアップ理論では、**「プレーヤーズ・ファースト」が原則**です。つまり、選手が主役です。会社で社員が主役ということであれば、社員からの意見をどんどん引き出していくことが重要になるということです。

どんな会社でも、理想的な社員として、自立した考えをもち、自らが率先して動き出すことのできる人材を望んでいると聞きます。指示をされなければ動くことのできない、指示待ち人間が多くては業務のスピードも遅くなり、顧客のニーズに応えることにもできなくなってしまいます。やがて経営の悪化を招き、会社が破たんするという最悪の事態にもつながりかねないのです。

安芸南高校サッカー部は、私が赴任した当初は、県4部リーグに所属していて、県総合順位も県下100チーム中60位ぐらいでした。しかし、ボトムアップ理論での指導が浸透し始めてから、3年目には県下32位となり県総体の県大会にまで勝ち進みました。そして5年目に県1部リーグに昇格して、県総合順位も7位まで上がり、県総体、全国高等学校サッカー選手権大会は広島県ベスト8の座をキープするまでの成長へとつながりました。

私が感じている安芸南高校の強みは、2、3年生の選手全員がファシリテーターをできることにあります。ミーティングでは、ファシリテーターをローテーションとしているので、選手たちは1年生の頃からファシリテーターを体験しています。まず、実践をしてみることです。

私は、**「できるようになってから任せる」のではなく、「任せるからできるようになる」**と考えています。トレーニングをすればファシリテーターは育てることができます。そして、必ず組織の問題解決につながることでしょう。

04 それぞれの立場で全力を尽くせるか

■簡単なことだからこそ徹底して取り組む

「一隅を照らす」、これは、私が大切にしている言葉です。簡単にいうと、人が嫌がるような掃除や洗濯、あるいは整頓などの地味で小さな仕事や役割に光を照らすことができない人は何も照らすことができないという考え方であり、ボトムアップ理論の自己を高めることにつながると考えています。

「神は細部に宿る」という言葉もありますが、目に見えないことや人の嫌がるような光の当たらないことでもおろそかにせず自己を磨くことができているからこそ、大きなことも成し遂げることができるという原理原則をしっかりと頭にいれておかなければなりません。

しかし、今の若い人たちは、トイレ掃除や部屋の整理整頓など、自分のテリトリーでさえもないがしろにしていることが多いようです。

安芸南高校サッカー部の部室は、六畳程度の小さなスペースです。でもこの小さな部屋のコーディネートができるからこそ初めて、横68メートル、縦105メートルもあるピッチの中でサッカーをコーディネートすることにつながるのです。わずか六畳の小さな部屋ですら、自分たちで思うように整理ができないのに、どうして大きなグラウンドの上で人やボールを思うように動かしてサッカーをすることができるというのでしょうか。

会社においても同じことです。会社のトイレを見れば、会社の状態がわかるといわれますが、私も企業で講演をするときには、トイレのチェックを必ずします。トイレの清掃が行き届き、トイレを清潔に保つことに意識の高い社員が多ければ多いほど、その会社の組織力は高いものがあると感じます。

安芸南高校では、整理整頓や靴ならべを「凡事徹底」しています。一人ひとりが自分の荷物や靴を整理整頓するのです。当たり前のことでも、徹底するために薄紙を一枚一枚積み重ねていかなければいけないものです。そんな地味な作業でもいやがらずに、きちんと続けてできるからこそ、組織として成長していくものなのです。

それを近回りして、プロセスを飛ばして結果を求めていくと、大きな失敗につながっていくような気がします。自己を高めるときには、「一隅を照らす」という言葉を忘れずに取り組んでいくことです。安芸南高校サッカー部では、全員ではありませんが、学校のトイレは便器にまで手をいれて掃除をする選手がいます。それができる選手は人間性が全然違います。しかし、その横で見ているだけの生徒は、学校生活においても勉強や部活でパフォーマンスを上げることがなかなかできないのです。

リーダーとしても、**人の嫌がるような小さな仕事でさえも、自分自身が率先してこなしていくことが、掃除の範囲の広さが心の広さにつながり、最終的に大きな仕事へ**

「オフ・ザ・ピッチ」の場面でも、部室の整理整頓など褒める材料はたくさん見つかる

とつながっていくのです。

会社も同様です。小さなプロジェクトをきちんと仕上げられなければ、大きなプロジェクトは動かすことができません。このことを原理原則として頭にいれておくことが大事です。

組織を育てるためには、一隅を照らせる社員をたくさん育成することが必要になってくるのです。そして、仕事ができる社員を育てる前に、一隅を照らせる社員を育成することのできる土壌をつくっておくことが、組織の構築にプラスになることをリーダーには知っておいてほしいのです。

05

「やらされる仕事」から「やる仕事」へ導く

■「観守り」、「任せる」ことによって自立を促す

「やらされる仕事」というのは、外発的動機づけで、指示や命令で動かされます。「やる仕事」というのは、内発的動機づけから自らの意思で動き出します。

やはり仕事は人にいわれてやるよりは、自ら進んでやるための力をつけた方がいいのです。自己を高めるには、人にいわれなくても自分から積極的に取り組む姿勢をもっていなければいけません。

外発的動機づけでやらされる仕事のデメリットは、どんなことなのでしょうか。よくスポーツをしている子どもに、保護者が「今日の試合に勝ったら、アイスクリーム

を買ってやるぞ」とか「欲しいおもちゃ買ってやるぞ」とご褒美をあたえることでがんばらせることがあります。

確かに最初のうちはがんばって結果も出るでしょう。でも何回か試合に勝ってくると「え、またアイスクリームなの？」といってきます。そこで「じゃあ、次はラーメンでどうだ」といって、次はラーメンのために子どももがんばるのですが、勝つと次は「え、またラーメンなの？」といい始めます。「じゃあ、次はラーメンプラス焼肉でどうだ」と徐々にエスカレートしていくのです。

結局、**外発的動機づけは打算的**になっていきます。ご褒美がないとやらなくなってしまうのです。組織としては一番怖い状況です。

リーダーとしても、「こういう仕事をやったらお金がもらえますよ」とか「こういう仕事をやればご飯に連れて行ってやるよ」などの外発的な動機づけをすることは要注意だということです。

一方、内発的動機づけで自ら動き出す仕事は、自分から進んで取り組んでいますので、スピードも速く、生産的です。しかも、ミスも少ないでしょう。

組織としては、自ら行動する人を育成していく必要があることは当然のこととなります。

それでは、自ら動き出す人を育成するにはどうすればよいのでしょうか。それは**「観守る」「任せる」**といった言葉がキーワードとなります。

たとえば、子どもが初めて自転車に乗るときには練習をします。最初のうちは、一人で上手にこげないので、保護者が自転車の後ろの荷台を支えながらコントロールします。子どもは転ぶこともありません。これは、やらされている運転です。

でも、保護者が支えていては、いつまでたっても、子どもが一人で自転車に乗ることができません。そこで次の段階では、保護者は手を離さなければいけなくなります。この手を離した瞬間からが、自らやる運転になるのです。保護者が手を離した瞬間、まだ上手くこぐことができないので、転んで膝小僧を擦《す》りむいてしまうかもしれません。でも、子どもに、その痛い思いを経験することで「よし、次は痛い思いをしないように」とがんばることのできる気持ちが芽生えた瞬間があれば、そこを見逃さずに「観守り」、「任せる」ことにつなげていくのです。

会社の社員育成を考えれば、すぐに「やる仕事」をする社員であればいいですが、そうでなければ、最初は「やらされている仕事」からのスタートになるでしょう。リーダーは社員の育成をすることに集中しなければいけません。

「やらされている仕事」から、「やる仕事」にもっていく環境づくりを考えなければいけないのです。子どもの自転車の事例でいうと、保護者が子どもから手を離す瞬間を逃さずに捉えるところになるでしょう。「やらされている仕事」から「やる仕事」に変えたとき、苦しみから喜びに変わるのです。

06 快活さをもって仕事に臨む

■一人の陽気な雰囲気が全体を明るく変える

リーダーが自己を高めるために「快活さをもって仕事に取り組む」ことで組織力も高いものになるという話をしましょう。

要するに、陰気な雰囲気の人の下には人は集まらない、陽気な雰囲気の人の下には仕事も人も集まるということです。

私も長い間いろいろな会社や組織を見てきましたが、やはり、明るい人のところには人も集まってきますが、暗い人のところには人も集まってこないものです。

陽気に過ごしていると自然と人が集まります。大変なときや苦しいときになっても、その周りの人たちが助けてくれます。陰気にしていると、人は集まってこないわけですから、苦しいときになっても誰も助けてくれません。苦しさは自分自身に降りかかってくるのです。

ですから、リーダーはいつでも陽気にしていられるように心がけましょう。いつも笑顔で明るい雰囲気を醸し出していることは、仕事をするうえでも自己を高めるうえでも大事なことです。

職場の雰囲気も、陽気で明るい社員が増えれば増えるほど明るくなって、仕事も集まってくることでしょう。明るい雰囲気の中では、社員同士も助け合いの心をもつようになり、生産率のアップへとつながっていきます。

だから仕事は陽気にということなのです。

安芸南高校のサッカー部でも、チームの雰囲気が明るいときには、試合に臨むピッチ上の選手たちはもちろんのこと、ベンチ入りした全員から明るい声が響いています。その明るい声は、アドバイスやコーチングをより一層引き立て、選手たちの活力になったことでしょう。勝率も上がってきました。一人ひとりの選手から発せられた明るい声はチーム内に広がって、いい雰囲気をもたらしたのです。

しかし、チームを立ち上げた初期の段階では、選手たちもメンタル的に余裕がなかったことでしょう。暗くしていることも多かったようです。そんなときには、人も離れてしまい、組織自体もどんどん悪い方向へと向かっていました。

陽気に過ごすことは、当たり前のことなのですが、意識をしていないと意外に難しいことなのです。

病気には伝染するものもありますが、**陽気も伝染していく**ものです。いい方向に気を伝染させるためにも、いつも明るく陽気にしていることが大切なのです。

リーダーも、一人ひとりの個人も陽気に過ごすように心がけましょう。

ボトムアップ理論を実践している現場は、トップダウンと比べると明るい雰囲気がつくりやすいものです。

トップダウンを導入している現場であれば、リーダーから一方通行の指示や命令が下されるだけです。怒られたり、声を荒げられたりするような場面もあることでしょう。空気感は陽気とは真逆の陰気な雰囲気になることが多いものです。

あえてボトムアップとトップダウンの比較をしてみたのは、この現場の雰囲気の違いを意識してほしいからなのです。

07 理不尽がはびこる社会をどう楽しめるか

■結果だけに頼ることなく前へと進む

「理不尽」はカオスと訳してもいいでしょう。世の中は、真面目に暮らしていても理不尽なことも起こります。それでも大切なことは、**うまくいかないときにどう楽しめるか**ということです。この原理原則を頭に入れておかなければなりません。

昨年のことですが、私が青信号で横断歩道を渡っていたとき、タクシーにはねられたことがありました。正当なことをやっているのだけれど、事故に巻き込まれてしまったのです。

ビジネスでも同じようなことが起こり得るのです。一生懸命働いているからかといって、高く評価されることばかりではなく、仕事を一生懸命やっていても正当に評価されないこともあることでしょう。

しかし、このことを知っているとセルフコントロールの能力を高めることができるのです。

人を育てることにおいては、こうすればうまくいくというマニュアルはありませんが、うまくいかないことも楽しめるぐらいの余裕がある気持ちで社員の面倒を見てあげるようにします。理不尽の原理が頭の中にあることで、一生懸命に取り組んでいるのにうまくいかないことがあっても、下を向くことはなくなるわけです。

安芸南高校では、失敗をしたときにも「いいね！」と声をかけるのですが、これも理不尽とまではいきませんが、見方を変えると、できないことを楽しんでいるといえるのです。

ビジネスでは、カオスを楽しめないと、陰気になったり、暗くなったりします。個も組織も負のスパイラルに陥ることになるでしょう。遊びでもロールプレイングゲームなどは、強敵や難題を前に、どうしたら攻略できるかを考えるのが楽しくて、つい夢中になっていきます。

一つひとつの壁を乗り越えていくことは難しいけれど、そのうまくいかないことも楽しいからゲームを続けるわけです。リーダーが、そのような考え方で取り組むことができると、周りの人たちも育っていくのではないでしょうか。

サッカーにしても、うまくいかないのが当たり前で理不尽なことが連続するスポーツです。試合であれば、もちろん勝てば楽しいのですが、負けたけれど楽しかったと感じることもあります。それは、もう次のステップへの課題が見つかり、次の勝利を見据えているからかもしれません。

そのようなカオスを楽しむというのが、最近の私のテーマなのです。前出の一隅を照らすとの連動性がでてくるとおもしろいでしょう。**人の嫌がる仕事を進んでやることで、世界観も変わって見えます。**

チームの育成においても、指導者の思うように選手が育っていくわけではありません。選手たちのミステイクにいらだってもしかたありません。

失敗を成功に導くために、選手はどのように乗り越えていくのか、失敗を成功の力に変えていくようなところにエネルギーを注ぐのです。**カオスを楽しむことでチームの育成も楽しいものになってくる**ことでしょう。

このように、しっかりと取り組んでいるからといって、うまくいくとは限らない世の中ですが、理不尽を楽しめるようになってくると、結果だけに頼ることなく前進していくことのできる強い意志が身についているものなのです。

08

自己中心から他者中心の考え方に

■自己中心は子ども、他者中心は大人の生き方

子どもを育てるということは、自立をさせるということにつながっています。子どもを自立させるためには、それまでの自己中心的な子どもの生き方から他者を中心に考えることのできる大人の生き方へと変えていくことが大切になっていきます。

要するに「人のために何ができるのか」ということなのです。

大人の生き方は、心の中で思っているだけではだめです。行動で示さなければならないのです。たとえば、朝早く起きて会社に行って掃除をするとか、人が喜んでくれるようなことをするとか、そのときに初めて自立への入り口に立つことができます。

そこからスタートして、周囲の人たちから「おっ、こいつ変わってきたな」と認めてもらえるように人の喜ぶ行動をしていくことなのです。

結局、大人というのは年齢のことではなく、17歳の高校生でも大人の振る舞いができる人もいますし、40、50代になっても、まだまだ、子どものような考え方で行動している人もいるでしょう。

つまり、**年齢や地位ではなく「人のために何ができる」という他者に対しての貢献が基準になる**ということなのです。年齢を重ねた大人でも、周りのことを無視して、自分のやりたいことや、いいたいことをいって、わがまましてきたら、人としては子どものままです。

そうではなく、**他者を中心に物事を考えることができ、他者のために何ができるかを考えながら行動することのできる人を育てていきたい**ものです。

■打算的でない自己犠牲のできる人を育てる

こういう仕事をするとこういう報酬が得られるということになれば、人間が打算的になってしまいます。これは前述の「やらされる仕事からやる仕事の」項目で説明しましたが、動機づけには良いかもしれません。

打算的ではない自己犠牲というのは、目先の利害は考えず、自分は一生懸命に仕事をすることにあります。その人としての評価は他人がすることなのです。

そこには、ボランティア精神というキーワードも出てくることでしょう。

現代では、人のために何かを無償で提供するという人も、なかなか少なくなっています。しかし、やはり自己中心から他者中心になることが大人の考え方なのではないでしょうか。

打算的な自己犠牲というのは、まだまだ子どもの考え方なのです。大人の考え方では、**結果や評価だけではなく、見えないプロセスを重視します。**

組織としても、何か見返りを期待して行動をするという人材よりも、淡々と行動することのできる打算的ではない自己犠牲のできる人材を育てていかなければいけません。

そのような考え方をリーダーはもちろんのこと社員全員が共通の認識として持っていなければ組織は育っていかないものなのです。

09

「認める」「任せる」「考えさせる」で会話力向上

■ツーウェイの視点でミーティングに臨む

コミュニケーション力は、主に会話力といえます。会話力のある社員を育てることは非常に重要な課題です。

会話をするということは、頭を使うことなので、クレバーでなければできません。そして、会話力を育成するには、会話をすることのできる場面がなければなりません。**会話の場面を生み出すのはミーティング**が一つあります。たくさんミーティングを取り入れてもらいたいです。

ミーティングで発言をする側は、攻撃や批判を常にするのではなく、アドバイスや提案をします。聞く側は、評価が課題や過小なものにならないように心がけ、へんなプライドを持たずに、感謝の気持ちをもって傾聴するという約束事のうえで進めていきます。

しっかりと相手の話が聞けるからこそ、相手も話を聞いてくれるものです。野球のキャッチボールのような場面をつくることで質の高い会話もうまれてくるものです。

コミュニケーションが取れていない人から正論を言われても聞く気持ちにはなりませんが、コミュニケーションが取れている人からであれば、理不尽なことを言われても受け入れられるように、コミュニケーションで信頼と絆をつくっておきながら、物事をすすめていくことが大切です。

要するに一人ひとりの社員の自己を高めるには、会話ができることが重要なのです。トップダウンでは、ワンウェイ（一方通行）になります。指示命令では会話にならないので、社員は育ちません。

一方、ボトムアップは、**「認める」、「任せる」、「考えさせる」というツーウェイ（双方向）**のキーワードで引き出すので会話力が育っていきます。リーダーが、常にこの視点を持ってポジティブなミーティングをしていけば、会話力のついた社員が育つのです。

安芸南高校サッカー部では、ミーティングは、選手たちだけで徹底的に行います。ミーティングは、練習でも試合でも、「オフ・ザ・ピッチ」でも、ありとあらゆる場面で行われます。

試合中でも、失点したときなどには、キャプテンを中心にピッチで円になって次の修正やマークの確認を話し合います。ピッチ上には選手たちしかいませんので、ベンチで私は見守るだけです。日頃の練習から自分たちで解決することを当たり前のように実践しているので自然と集まってくるのです。

広島観音高校の選手たちも、自らミーティングを行っていました。特に全国大会では強豪チームと対戦し、先制されたビハインドなゲーム展開が多く続きました。

失点を許しても、選手たちは決してベンチを見ません。

日頃から、自分たちで決めたメンバー、自分たちで考えたゲームプラン、自分たちで考えたシステムです。自分たちでこのビハインドな状況を打開するためにピッチで集まり話し合っていました。

ベンチにいる監督の私に打開策を期待することはしないのです。**チームメイトを信頼し、自分たちの可能性を信じて解決**していきます。そこには人間的な最大の成長があるのです。

10 良いところを見つけて伸ばす

■良いところは、何気ない日常で見つけられる

人は、どちらかというと人の悪いところにはすぐに気がつき、目にとまります。悪いところを見つけて評価をするのは誰でもできます。しかし、**常に良いところを見つけて伸ばしてあげるということはなかなか習慣づいていない**ものです。

安芸南高校サッカー部の生徒たちは、２０１６年4月に発生した熊本地震の際、翌日の朝から校門や近隣の駅で支援募金を自主的に始めました。その行動は、サッカーとは関係ありませんが、このような生徒たちの自主的な行動を良いことと評価し見逃さないことが大切です。サッカーの側面以外のことで、生徒（もしくは選手）たちが、日常生活でどんなことを感じて、普段過ごしているのかを知っておくことも大事

なのです。

山本五十六さんの名言に「やってみせ、言って聞かせて、させてみて、ほめてやらねば、人は動かじ」とあるように、良いところを見つけて、最後には褒めてあげなければ人は育ちません。

しっかり褒めてあげることで、自立心、主体性が芽生えてきます。どんどんと人の良いところに気づけるアンテナを出すことです。また、そういう視点をもっていなければ、人の良いところは見つけることはできないのです。

■ミスばかり指摘すると自己肯定感が低くなる

学校の先生も、ほとんどが悪いところを見つけようとしていることが多いようです。ミスを見つけて指摘するばかりで、褒める先生は本当に少なく感じます。

それでは、子どもたちの中で、**自らの価値や存在意義を肯定することのできる感情**

である自己肯定感が育たないのです。この自己肯定感を高めるためには、子どもたちの良いところを見て指摘してあげることが大切なのです。

たとえば、ある意味、本人も気づいていないようなところにも着目して、良いところがあったら褒めてあげるといいでしょう。それはリーダーの育成として必要な視点なのです。

教育の分野でも生徒に自己肯定感をもたすことは、一つのキーワードになっています。リーダーには**観察力**や**洞察力**が必要です。いつも感度の高いアンテナを張っていないと、目の前の良いところを見逃してしまうことになります。

サッカーでいうと、良いところというのは、「オン・ザ・ピッチ」の場面であれば、シュートを決めるとか相手のゴールを防ぐなどプレーの面が目立ちますが、「オフ・ザ・ピッチ」にも注目してみましょう。

2016年4月に発生した熊本地震の際、翌日の朝から校門の前で支援募金を自主的に始めた安芸南高校サッカー部の選手たち

一見すると地味ではありますが、「オフ・ザ・ピッチ」の場面でも、部室の整理整頓、掃除、3S（整理・整頓・清掃）活動、そして朝のあいさつ活動なども含めて、褒める材料はたくさん見つかるのです。リーダーは、そのようなところにも気がつけるようにアンテナを立てておきます。良いところがあれば、見逃さずに、褒めてあげればいいのです。

ダイキチカバーオール株式会社

人材育成に役立つ「社員が主役」のキーワード

大阪、京都、神戸、名古屋に地区本部を置き、ビルやマンション、病院、店舗の清掃・メンテナンスを行っているダイキチカバーオール株式会社。本部スタッフ90名、テクニカルスタッフ600名が働いています。

現在、畑喜美夫先生の講演をきっかけにボトムアップ理論を会社で実践しています。

ダイキチカバーオール株式会社・小田吉彦社長は、自ら行動する社員の育成とチーム力向上を目的に、業務のさまざまな場面に、ボトムアップ理論の考え方や手法を取り入れています。

たとえば、ボトムアップ理論の「選手が主役」というキャッチフレーズと同様に、「社員が主役」というキーワードを人材育成に採用。社員が生き生きし、そしてワクワク仕事に励むために、自ら考えて判断し行動する社員の育成を図っています。またチームビルディングの活動も重視して取り組んでいるといいます。

2016年12月には、ボトムアップの合宿も行い、環境整備にも力を入れ、素敵なチームづくり、3S（整理、整頓、清掃）活動も実践している企業です。

第2章

組織を動かすマネジメント術

11 全員が主役となって個と組織を育てる

■全員リーダー制でみんなが主役

ボトムアップ理論の軸は、「選手が主役」ですが、ここでは、さらに進化した、「みんなが主役」です。会社では社長も新人も主役です。

サッカーチームであれば、監督、選手、保護者も主役です。それぞれの立場の目線に立つことは、個も組織も大事な要素です。みんなが主役なので、個が育ち組織も育つといえます。一部だけではなく、みんなを育てるという考え方です。

みんなを主役にするには「任せる」ことが大切です。新人に大役は任せられなくても、小さな仕事は責任感をもって任せることも必要です。新人だから任せないのではなく、**任せて主役にする企業風土が大切**です。個の力を結集して組織は成り立ちます。一人ひとりを主役にすることがポイントです。

全員リーダー制は、安芸南高校であれば、選手全員が何らかの役割のリーダーを務めるというシステムです。

1年生から3年生まで、部員70人70種類のリーダーがいます。ピッチのライン引きを担当する「ラインリーダー」、ビブスを管理する「ビブスリーダー」、部室を管理する「部室リーダー」、部費の管理をする「部費リーダー」、サッカーノートの取集をする「ノートリーダー」、試合の映像を管理する「カメラリーダー」などです。

リーダーは選手同士で決めて、役割は最後まで責任をもって全うすることが信条です。学年を通してのリーダーなので、1年生が3年生を動かすこともできます。キャプテンがチーム全体を動かしていくのが基本ですが、チーム全体がそれぞれの立場で機能します。

部員数が多いと、レギュラーからの1番目と70番目の選手ではチームへの貢献度に温度差がでてくることもありますが、このシステムでは、各自が役割に責任をもって取り組むことができます。さらにチームという組織全体が活性化するのです。

■「アクティブラーニング」を導入

よく大学生は、入学までは努力するが、それで満足してしまって、入ってからは主体的に動かなくなるという問題があります。これを受けて、２０１４年に文部科学省が提唱した「アクティブラーニング」が小学校・中学校・高校で奨《すす》められています。

主体的に学び、自らが考えて動き出し、一人ひとりの自主性をつけていくというものので、私の講演やセミナーに参加された企業でも、この仕組みを導入しています。

会社では持ち場が決まっていることが多いのですが、部署の肩書きとは違った責任ある役割をつくることで、新しいコミュニケーションがうまれ、組織が活性化しま

全員リーダー制の例

安芸南高校サッカー部では、7つのグループに分け各一人チーフリーダーをつける。それ以外にも一人ひとりがリーダーとなり、全員が一人のフォロワーとして役割を担っている

す。一人だけリーダーをつくっても、組織の活性化は期待できませんが、社員全員がそれぞれ責任のあるリーダーとなれば効果も期待できるのです。

安芸南高校でやっていることは、**上下関係を壊すという効果**も生み出しています。1年生が仕事をして3年生が仕事をしないのではなく、3年生が仕事をしているのを1年生が観察し学習することで、次の年に自分たちが率先するように変わったのです。

会社であれば、新人に仕事を押し付けてベテランが仕事をしないというのではなく、社長だからこそ率先して掃除をするのです。社長の背中を見て社員も動き出すようになることでしょう。

安芸南高校では、チーム運営は、すべて選手が行います。具体的には、選手登録、スタメン、システム、ゲームや選手交代のプラン、練習メニューも、普通は監督が決めますが、キャプテンを中心に選手が話し合いで決めていきます。最近試合では、選手監督という役割も創り、試合もマネジメントします。すべて「選手が主役」です。監督である私はベンチの後ろから「観守る」だけで、選手監督から要求されたときだけアドバイスします。ハーフタイムで、「自分たちで決めたことをキッチリやろう」と選手たちに言うのが口ぐせになりました。

「創る」はプロセスも完成形も決まっていない状態で自由に組み立てていくことで、完成形とプロセスが決まっている「作る」とは意味が異なります。自分たちにしか「創れない」ものを生み出していくのです。

ビジネスでも指示を受けてやらなければいけない仕事もありますが、自分たちで戦略を「創って」進める仕事の方がモチベーションもあがるのではないでしょうか。

自分たちで「創った」計画や戦略の方が、人に指示されるより意欲もわき、成果も上がることでしょう。責任も自分たちにかかってきますから、生半可な気持ちではやらなくなり、集中力もアップして仕事の成功率も上がります。いろいろな意味で相乗効果が考えられるのです。

リーダーが注意しなければいけないのは、任せるのはプロジェクト全体なのか、部分なのか、それとも地位なのかを都度精査し、絶対に丸投げしないことです。進行状況を確認しながら、ファシリテートしていくことです。

12

仕組みづくりと仕掛けづくり

■自らが考えることのできる仕組みをつくる

これをしなさいという手法そのものを社員に教えるのではなく、その物事がうまくいくための仕組みや仕掛けをつくることの方が大切だと考えます。

つまり、**「教える」のではなく、「引き出す」**というキーワードにつなげるためには、組織の仕掛けづくりと仕組みづくりをリーダーは考えねばなりません。手法を教えるということになってくると、彼らの判断力、想像力、決断力、実行力を奪ってしまいます。そうしないように育てるために仕組みづくり、仕掛けづくりを優先していくのです。

仕組みづくりは、たとえばサッカーであれば、抽象的にいうと「速くボールを奪う」ことです。しかし、人によってボールを奪う速さが違います。それを具体的に「奪われたら3秒で取り返す」といったように合わさないとサッカーになりません。だから、具体的な手法は、選手自身で考えていくことを任せます。そこに自分たちで話す、考えることによって、責任を持って組織を動かすように仕組みや仕掛けが必要ということです。

安芸南高校でいうと、仕組みづくりとしては、**ミッション、ビジョン、個の育成の3本柱、組織構築の3本柱、一人一役、全員リーダー制、3S活動（整理・整頓・掃除）、サッカーノート**などです。取り決めや枠組みとなる様々な仕組みづくりをしています。

自らの意思で動き出せるように問い掛ける

仕掛けづくりとしては、主には**声かけ**です。「何でそう思うの？」とか「どうしたらいいと思う？」と質問形式を使っていきながら、自分たちで考えて、工夫して動き出すように仕向けます。ここでも具体的な答えは示しません。

私は質問には、意図する目的から二通りあると考えます。一つは正解ありきで、答えを誘導するための声かけです。もう一つは、質問者が答えを想定できないものであり、本人が導き出す答えが正解であるという質問を考えています。たとえば、「何でそう思うの?」、「どうしたらいいと思う?」と質問すると、答えは本人の考えから導くもので、正解は本人の答えそのものです。後者の質問がボトムアップ指導で使う質問です。

仕掛けづくりの声かけのキーワードは、**「距離」「角度」「タイミング」**と考えています。

「距離」は、実際の物理的な距離だけでなく、気持ちの上での距離感です。ボトムアップは、自立することがミッションですから、試合でも遠くから「観守った」り、時にはベンチにいなかったりします。指導者は選手たちの成長状況を見ながら、観察して間合いを取るということです。

「角度」は、正面から声をかけるのか、横から声をかけるのかで、全然違います。横からはかなり、心の距離が縮まった状況です。

「タイミング」は、いつ声をかけるかです。子どもたちが自ら考えている瞬間や、つまずきそうなときを見逃さないことです。

このような仕掛けで「任せる」「認める」「考えさせる」「気づかせる」「観察させる」ことを自立して行えるように導くのです。

もちろん、10段階のプロセスがあれば、1、2段階ぐらいまでは教えて、残りの8段階を考えさせる。「ティーチング」ではなく「コーチング」です。

そして、「考える」、「話す」、「書く」という思考の三種の神器を自分たちで活用しながら組織として個も育てるということです。

13 信頼関係を築くノートの活用術

■日常生活を知ることで信頼関係へとつなげる

安芸南高校では、二冊のサッカーノートで選手とコミュニケーションをとっています。サッカーノートは、選手が試合の反省や感想、そして質問などを書き込み、私はそれにアドバイスを書いて返信するもので、サッカーチームで採用されている一般的なものです。

もう一冊のコミュニケーションノートは、トレーニングノートとも呼び、週2日あるサッカーの練習や休みの日の過ごし方を24時間コーディネイトし、自主トレーニングのメニューや、休むのであればプライベートの過ごし方や勉強のことも書きます。デートをしたのであれば、それも記入するようなノートです。ある意味、信頼関係を築くコミュニケーションの本質は、サッカーそのものにあるのではなく、それ以外の日常生活の中にあるのです。

ですから、このノートは、むしろサッカー以外の日常の近況報告が中心となります。サッカーから離れた**「オフ・ザ・ピッチ」に、信頼と絆づくり**があります。この交換日記的なツールで選手を知ることがこのコミュニケーションノートの役割です。

子どもたちも心から腹を割って話せるので、通常のサッカーノートよりもコミュニケーションノートの方がボトムアップの軸となっています。

これは、広島観音高校にいたとき、一時期部員が100人以上となり、物理的に選手全員とグラウンドで直接コミュニケーションをとることが困難となったため、このノートで全員とコミュニケーションを取るために始めたものです。練習や試合でグラウンドに立っている選手の様子だけではなく、家庭や学校さらに日常生活に身をおく選手のことを知っておくことも大切な指導要素だと考えたからです。

それでは、そのノートの中で子どもたちとどんな対話をしているか、少し紹介します。

選手「遠征に行くと、やっぱりお金がかかります。家族の負担が心配です」
私「お金に余裕ができたら、遠征に一緒に行こう。それまで待っているからね」

選手に不安や心配ごとがあれば、まずは安心させること、無理をさせないことを考えながら言葉を送ります。

選手「どうしたら彼女ができますか?」
私「外見だけでなく、内面も魅力的な人間になれば、彼女なんてすぐできるぞ」

ここでも否定するのではなく、子どもたちを応援しモチベーションを高めます。ほかにも、「今日、彼女にふられました」と書いてくる選手もいましたので、「サッカーを彼女にしてがんばれ」とメッセージを送りました。

たとえば、朝遅刻をしてきた選手がいたとします。ノートに家族の体調が悪かったとか、おじいちゃんが寝たきりになって介護が必要だとか、風邪をひいたと書いてあれば、最後の言葉がけが普通なら「おい、何やってるんだ！」と頭ごなしになるところを、「どうした、おじいちゃん調子が悪いんか？」と問いかけることができます。それこそアサーションにつながるのです。

組織における信頼と絆づくりは、大きな要素なので、私はこの二冊のノートを活用しています。

■（例）サッカーノートの使い方

No

DATE

7/20（土）　　　安芸南A vs ●●●

安芸南A vs ●●●

前半	3	—	2
後半	2	—	0
トータル	⑤	—	2

☆おめでとう!!感動した！

＜得点者＞

三次（2）、竹原、三原、呉

この部分では、その日の試合（結果、メンバーなど）を記入します。

＜交代＞

尾道→安芸、

福山→江田島

ここでは、「良かった点」「悪かった点」「これからやるべき練習」など記入します。良かった点については、言葉でほめたりしながら、悪かった点などは疑問形の言葉を用いることで、選手たちに考えるきっかけを与えます。

＜良かった点＞

・後半から出て、無失点に抑えられたこと

・自分のマークにはほとんど仕事をさせなかった

・声も出せれたし、インターセプトもねらえた

☆良い準備ができましたね！

Very good

＜悪かった点＞

・ヘディングで競り負けていた

・ポジショニングが悪い

・ラインを合わせられていなかった

☆どう改善しますか？

＜感想＞

今日は久しぶりにAチームの試合に出ることができました。自分ができる仕事をやることができたと思います。僕は最初から「10番」をマークしてくれと言われていたので、ほとんど仕事をさせませんでした。インターセプトもねらえたし、無失点で後半を抑えれたし、今日は良かったと思います。でも、個人の課題は、ヘディングとラインをそろえる（保険をかける）ことが今日の試合であきらかになったので、明日の試合ではしっかりと対応できるように、考えてPDCAを早くしていきたいです。

☆良いプレーができました。観ていて工夫しながら意図的にプレーをしているのがわかりました。次に向けてまたがんばれ!!

最後は全体的な感想を文章に落とし込みます。ここでも選手たちの言葉にレスポンスをして、信頼関係を築いていきます。

(例)コミュニケーションノートの使い方

No

DATE

7/22(月)

◎24時間のコーディネート

5	6	7〜16	17	18〜19	20	21	22〜1
起床	朝食・準備	〜学校〜	自主	帰宅	風呂 夕飯	宿題	〜就寝〜

時間軸ごとのスケジュールを書き出します

◎今回の自主練メニュー
「筋トレ」

●ベンチプレス
30kgを20回3セット
↓
25kgを内側を持ち20回3セット

●腹筋
30回3セット

●背筋
30回3セット

●体幹
1分でメニューをどんどんこなす

ここでは、自主トレーニングのメニューや、休むのであればプライベートの過ごし方や勉強のことも書きます

自分の行動について振り返り、そこで感じたことなどを文章にまとめてます

◎今回の自主練について
今回は筋トレに重点を置いてやっていきたい。理由は試験が終わってから走ることをやっていたけれど、筋トレが少なかったのでその分を取り戻すためです。一つひとつの休みを1分~1分半をきっちり守ってやっていきたい。

◎近況報告
今日ですべてテストが戻ってくるので、次回に向けてしっかり分析して修正していきたい。あと、彼女ができたのでがんばります。

☆次のテストに向けてスタートしていますか?
お互いにレベルアップしてがんばろう!

14

「量より質」を重視する

■休むことがモチベーションアップにつながる

安芸南高校では、サッカー部の全体練習は週2回、火曜日と木曜日の放課後です。月、水、金曜日は休みにしています。土曜日と日曜日は試合というのが1週間のスケジュールです。

これは広島観音高校のときから続けており、また、私の恩師である広島大河FCの浜本敏勝先生が小中学校のカテゴリーで実践していた週3回の練習という考え方と同様です。これが**「量より質」を重視**した練習です。

広島観音高校に赴任してからは、なかなか結果がでなくて、周りからは、「練習量が足りないんじゃないか」とか、「子どもに任せていてはダメだ」とさまざまな否定的なこともいわれました。しかし、私自身は、浜本先生のもとでの小中学校での指導経験を信じて継続していきました。これまで広島観音高校の全国優勝の経験やプロサッカー選手が7名育ったことも含めて、週2回の練習でも質の高い練習をすれば、必ず結果はでると確信しています。

それでは、週2回の練習はなぜ良いのでしょうか。

第一に、**ケガが少なくなります。**休養もたっぷりとれるので、体調が十分に回復したうえでハイパフォーマンスでトレーニングや試合に臨めます。練習した次の日は休みという、一日おきのリズムですから体を酷使することはありません。

第二に、**選手のモチベーションアップにつながります。**どう考えても少ない量なので、選手たちも、休みの日には練習がやりたくて、うずうずしてきます。一番大切にしたいのは、選手に練習をやりたいという気持ちを自発的に芽生えさせて、限られた練習時間で高い集中力と意欲をもたせることです。

第三に、練習が週2回なので**「考える」「工夫する」癖がつく**ことです。技術的に伸ばしたい部分を自ら振り返り、自分でトレーニングするのです。

ビジネスにおいても、時間は無限にあるわけではなく、24時間の勤務時間の中で成果をあげていくには、「量より質」というキーワードは大切です。長い時間仕事をすれば疲れてしまい、生産性は上がるわけではなく、むしろ失敗やミスもでてくるかもしれません。

短い時間だからこそ質にこだわり集中して取り組むことが組織としても有効なのです。労働時間を短くしたことで思考に余裕ができれば、空いた時間でいいプランを考え、生産性の向上にもつながり、疲労も軽減されることでミスや事故も少なくなっていくのではないでしょうか。

■リアリティのある練習　試合を想定した練習

安芸南高校の練習は、常に試合を想定した練習を心がけています。練習のときから本番を見据えたリアリティのあるトレーニングをしています。

たとえば、ドリブル練習では、カラーコーンを並べて、その間をドリブルして抜けていくようなことはしません。カラーコーンを人と想定しているわけですが、試合中に相手選手が突っ立って動かないような場面はありえません。自分も相手も動く中での変化を感じながらトレーニングすることをポイントとしています。

練習方法は、分習法と全習法とありますが、分習法は、試合の一部を切り取ってその場面を想定して行う練習です。一方、全習法は、試合全体を想定して行う練習です。どちらが良いか悪いかの判断は状況によりますが、私の場合は、試合を想定して、まずゴール、相手、スペース、そしてボールを使う全習法を基本としています。

ウォーミングアップ一つにしても、10メートル四方のグリットで3対3のボールの奪い合いをするよりは、ゴールラインからハーフウェーラインまでの実際のピッチの半分程度のスペースを使った、移動しながらの3対3の対人プレーでボールを奪い合う方が実戦的です。

しかも、サッカーは、攻めと守りという切り替えの判断を伴う競技なので、ゴールを使用しないとしても、攻める方向、守る方向の設定は、欠かせません。ですから、比較的に試合形式の練習のなかでは、11対11や7対7の紅白戦など、試合に近い人数の練習をコンパクトにして行っています。

安芸南高校で取り組んでいるリアリティのあるトレーニングとして、**「脈拍トレーニング」**があります。練習時の選手の脈拍を常に1分間に180〜200という設定のなかで、トレーニングをしていきます。15分6セット（試合と同じ90分）をタイマー時計で時間をはかりながら進めていきます。15分のトレーニングをしたのちに休憩を入れ、その際、選手各自が手首や首の動脈に指を添えて脈拍をはかります。各自が自分の脈拍の数値を認識したうえで、次のトレーニングに取り組みます。

たとえば、脈拍が150であれば、基準値を下回っているので、もっとアグレッシブに動いて脈拍を上げなければいけないということになります。そして、次の15分のトレーニング後、再び脈拍をとり、基準値180~200に上がっているかを確認します。脈拍が常に基準値を保てるようにしながら、その中で技術を追求し、戦略を考えながら、しっかりプレーできるかのトレーニングをくり返します。

これは、高校年代の世界大会などで活躍する、高いレベルの選手の試合中の脈拍を調べたところ、大体160~180でプレーしていることがわかったからです。そこで、安芸南高校のチームはフィジカルアップのために、もう20ほど高く設定してトレーニングすることにし、その状態でのスキルアップを追求していくことにしています。これも試合を想定したリアリティのある練習の一つなのです。

15

打てば響く組織の構築

■信頼のおける情報の伝達回路をつくりだす

打てば響く組織は、情報の伝達速度が速く、人と人との間（ベクトル）にポイントを置き、太鼓を打ったらすぐに音が出るようなあうんの呼吸、つまりタイムラグがないような組織をいいます。

ここで**「複雑性の縮減」**というフレームワークを紹介します。図のように3人の組織の場合、伝達するベクトルは3本です。5人の組織の場合は、10本。10人の組織の場合は、45本となります。

100人の組織では、リーダーから指示するとベクトルは4950本と複雑になり、伝達速度も遅く、100人に正確に情報が伝わりません。

複雑性の縮減

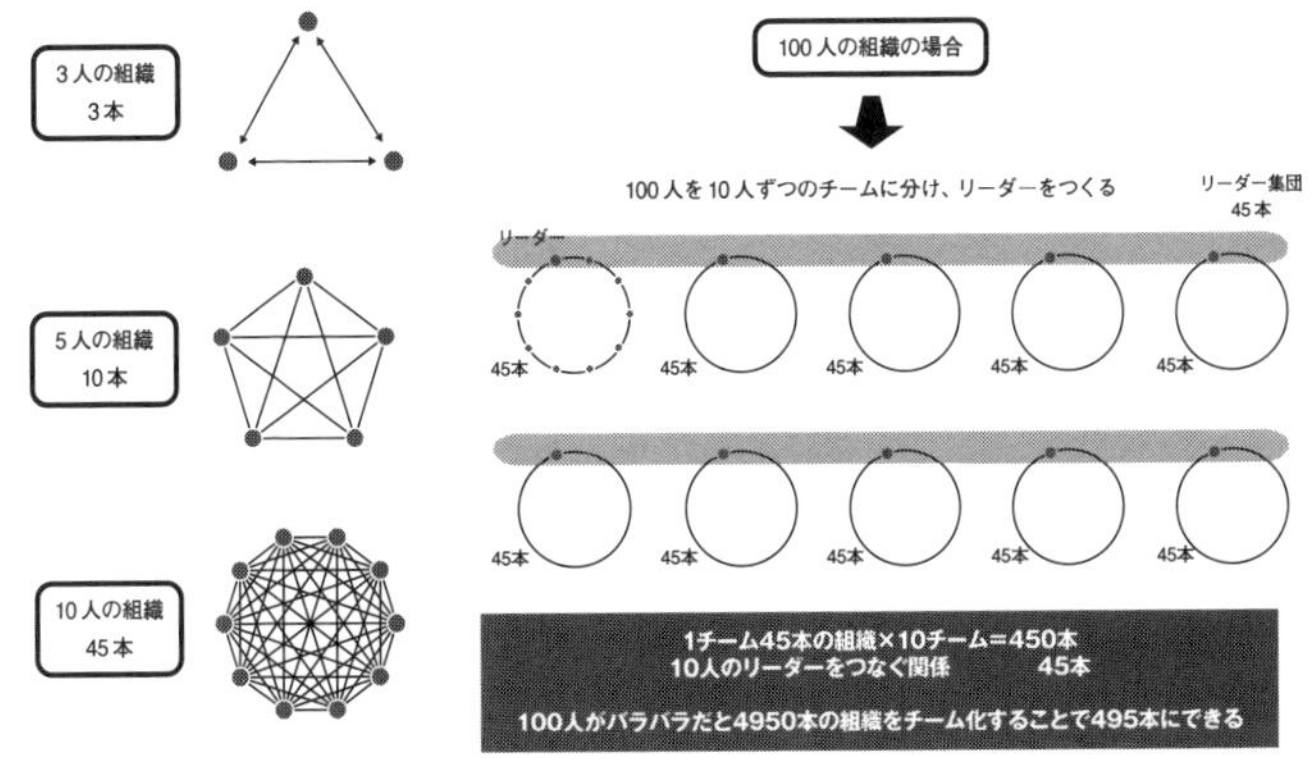

そこで、１００人を10人ずつのチームに分けて、リーダーをつくります。リーダー集団10人のベクトルは45本ですから、1チーム45本のベクトル×10チームで４５０本のベクトルです。それに各リーダー10人をつなぐリーダーを作ればプラス45本で４９５本となり、「複雑性の縮減」を使えば、１００人の組織では４９５０本の10分の１になる４９５本の伝達経路で伝えることができるようになります。これを活用すれば、情報が行っているようでいて、行っていないような状態。血液でいうと脳溢血や脳梗塞になるようなドロドロな状態からサラサラな状態になるのです。

安芸南高校でたとえると、監督である私が、100人の選手一人ひとりに伝えるには、4950本の伝達経路が必要となり、現実的には複雑すぎて無理です。それぞれの選手に迅速かつ正確に伝えることは不可能でしょう。

たとえば、「集合時間は9時」と伝えても、いつの間にか「8時」や「9時ぐらい」と曖昧に伝わるようになり、やがて情報さえ伝わっていない分断された状況になります。そこで、キャプテンを頂点にして、各学年のリーダーからさらに5人ずつのチームに分けて、考え行動させる伝達の仕組みをつくりました。情報伝達の迅速かつ正確性は、みるみる向上していきました。

この仕組みのもう一つの効果は、5人ずつのチームのメンバーに信頼関係が構築され、それぞれのメンバーを大切に思うリスペクトする気持ちがうまれることです。100人のチームでは人数が多すぎて、誰かのためにとも思いませんが、5人のチームであれば、一緒に考えて行動するうちに信頼関係が構築されます、仲間のためだったらと思う気持ちもうまれてくるものです。その結果、遅刻や伝達の漏れもなくなり、事故もトラブルもなくなっていきました。もちろん伝達速度の飛躍的な向上はいうまでもありません。

組織では人はもちろん、**迅速かつ正確な情報伝達を保つための人と人を結ぶ伝達回路**も重要です。一人ひとりの力があっても、伝達ラインが脆弱では組織も機能しませんので、このような理論でチーム全体を動かしています。

広島観音高校では、キャプテンから学年ごとの3チームだけで仕組みも未確立でしたが、現在の安芸南高校では、選手自身が試行錯誤してつくった仕組みで、学年から5人ずつのチームに分けたところ、伝達がスムーズになりました。後になって、「経営の神様」といわれる松下幸之助さんが経営組織の運営で使っていたフレームワークであると知りました。子どもたちは「オフ・ザ・ピッチ」でも、すごい発想と行動でチームを動かしていたのです。

16

料理人のようにどんな素材でも活かす術を身につける

■素材にあわせてさじ加減を調整する

一流の料理人は、素晴らしい素材があるから美味しい料理がつくれるわけではなく、それなりの素材でも美味しい料理をつくります。決して料理のできを素材のせいにすることなく、素材の持ち味を最大限に引き出す調理方法で美味しい料理をつくります。

これまで私が育成したチームでも、ボトムアップ理論で成長した広島観音高校は、現在広島県内ではトップレベルのチームになりました。２００８年に全国高校サッカー選手権大会で全国優勝をした広島皆実高校と広島県代表の座を競い合うようなチームです。徐々に入部してくる選手も中学校のカテゴリーではトップにあたる、サンフレッチェ広島ジュニアユースといったJリーグの下部組織や、県内有数のクラブチーム出身者が自然に集まり、当然、技術レベルも高く、指導者から見れば勝つためには素晴らしい素材といえます。

しかし、**サッカーは技術が高ければ必ず勝てるかというと、そんなことはありません。技術の高い選手を全国から集めているような高校でも、継続していい結果が出せている常勝チームは少ないものです。**技術の高い選手ばかりだから、勝って当たり前のはずが、そうではないのです。料理人のように上手に素材を生かさないといけないのです。

2011年から赴任した安芸南高校は、クラブチーム出身は少なく、周辺の中学体育連盟所属のいわゆる部活チームの出身者がほとんどです。

ですから、赴任した当初は、県リーグ4部、県内ランキングで60位くらいでした。しかし、3年目で県大会出場を達成して県32位、そして昨年度は県リーグ1部の県トップリーグに昇格、県大会では県ベスト8レベルをキープしています。

両チームともボトムアップで指導してきましたが、基本は同じ仕組みで同じ仕掛けをしてきました。結果を出すという意味では、後者の安芸南高校の方が伸びしろがあったように感じます。結果として、大切なのは選手のレベルにあわせた指導アプローチということになるでしょう。

一流の料理人は、素晴らしい食材があるから美味しい料理がつくれるわけではなく、それなりの食材でも美味しい料理をつくります。素材によって調理方法が同じだとすれば、調味料の使い方がポイントだといわれます。

たとえば、砂糖という調味料は、いきなり多量にいれてしまうと甘すぎて、甘さの調整が取り戻せなくなります。ですから、甘さの加減を味見しながら、少しずつ加えていくようなさじ加減が大切になります。

ほかの調味料とのバランスも重要です。何種類かの調味料を何度も何度も、少量ずつ入れて味見をしながら、味のバランスをとり、絶妙の味を醸し出していくのです。

指導者も人材の育成においては同様です。人の良いところを見ながら、あせることなく、一枚一枚薄紙を貼り合わせるように少しずつ積み重ねて育てていくことが大切なのです。

そのためには、素材の活かし方も当然わかったうえで、味付けも絶妙のバランスをとる料理人のように、**指導者も選手一人ひとりの良いところを見つけ、自発的に動き出す仕組みや、やる気を引き出す声かけなど、的確な仕掛けをしていくことが大切**になるのです。

17

「教えて」と聞く評価

■問いかけやすくなる工夫でツーウェイを保つ

生徒たちがいろんな質問をしてきたときに、「そんなこともわからないのか」と返すのではなく、聞いてきたことにも評価をする必要があります。

トップダウンでは、こちらからのワンウェイで動き出す評価が普通なのですが、ボトムアップでは、生徒がうまくいかなくなって、考えて質問してきたときは、「いい質問だね。いいところに気づいたね」と評価をすることで、**ワンウェイの関係をツーウェイのコミュニケーションのきっかけ**にします。

そのように指導者が実践することで、チーム内にも、質問することを評価する雰囲気が生まれてきます。ボトムアップは自分たちで考えて解決していくことが大切なのですが、行き詰まったときのチーム内の質問は、問題解決のスピードも速まり、問題解決に向けて、組織に隙がなくなるようになります。

「わからないことを聞く」という捉え方もありますが、「そんなところまで考えていたのか」という捉え方もできます。質問の内容で、理解度、認識度もわかってきますから、思考の深さや着眼点も評価することができます。

また、**「教えてほしい」と質問をしてくることは、自ら動き始めた瞬間なのです。**乾いたスポンジ状態なのですから、理解度も習得するスピードも速くなるチャンスです。そのチャンスを示す行動なので、指導者としては肯定的に捉えます。エネルギーを集中させるべき瞬間になるということです。

これは、会話による声かけだけではありません。

安芸南高校では、サッカーノートとコミュニケーションノートがあります。コミュニケーションノートは、練習が休みのときの過ごし方を自分で計画して、それを提出するという役割もありますが、ある意味、監督と選手との交換日記的な役割を担うツールです。ノートに、「ポジショニングがわるいときは、どういうトレーニングをやったらいいんですか?」と書かれていることもありますし、サッカーのことから離れて「先生は落ち込んでいるときは、どんな音楽をきいていましたか?」とか、「モチベーションのあがる映画はありませんか?」などのように、「先生、教えて!」という質問があります。

こういうときは、自ら動き出した瞬間ですから、よろこんで真摯に返事を書き込みます。私の返事も文末を「?」を入れた疑問文で返して、「それは、どう思う?」というように、ツーウェイになるような質問にします。なぜなら、句点で文末をくくると、そこで会話が終わってしまうからです。ですから、文末は「?」で返すのです。するると選手たちもまた、次の質問をしてきます。

飢えているときにこそアドバイス

トップダウンでは、聞き手がどんな状況にあろうと自分の思いを指示・命令することがあります。言うことが悪いわけではありませんが、相手の状況をふまえて情報をいれるべきなのです。

水を一杯吸ったスポンジは水を吸い込みません。水を少し搾ってからでないと再び水を吸い込まないでしょう。人間も、いっぱいの状態で、次々に指示や命令、難問を投げかけられても消化する能力はありません。一人ひとりの状況を見て、吸収できる状態のときに、言葉かけをすることが大切です。

ボトムアップでは、自分たちでやっていることが基本ですから、必ずうまくいかなくなる場面が出てきます。そんなときに、「先生、こんなときは、どうしたらいいですか」とアドバイスを求めてきます。その瞬間に指導者が適切なアドバイスができることが重要です。そのためには、リーダーや指導者は、**過保護過干渉になるのではなく、その瞬間を見逃さず、適切なアドバイスができるように準備する**ことは必須です。

18 ミスにも「いいね！」の環境づくり

■チャレンジを評価。失敗の先に成功がある

「失敗することは、悪いこと」と考えることが多いのですが、失敗することは、そのものの発見だったり、気づきだったり、成功のヒントが隠されたりというところにつながってくるものです。

だから、**あえて失敗にポジティブに向き合う**ことも必要です。失敗すると下を向いてしまいますが、顔を上げて「いいね！」といってしまおうという訳です。これは、育成のうえで、個や組織を育てるキーワードとなります。

安芸南高校では、試合の公式戦のときは、どんなときも「いいね！」と声を掛け合っています。特に失敗したときやミスをしたときに声を掛け合います。そうすると

相手チームは、ミスをしていても「いいね！」とくるのでパワー負けをするのです。不思議なことに、ミスをしたチームの方が勢いづき、試合展開を優位に押すことになるのです。

練習のときも、意図的に使うことがあります。なぜかというと、失敗はワザとしているわけではないし、一生懸命やった結果なのだから批判、攻撃する必要があるのかということにつながります。怠けた失敗ならともかく、一生懸命やったことであれば、「いいね！」と捉えて、そこから考えればいいのです。

エジソンは電球を発明する際、一万回の失敗をしたからこそ、電球ができあがったといわれています。だから、一万回の失敗とは考えずに、一万回の発見と考えます。発見や気づきと考えれば、失敗は成功にもっていけるのです。失敗が一万回なければ、電球はできなかったと思えば、失敗を「いいね！」と肯定し、楽しむことができれば、その先に成功があるということです。よくいわれる「失敗は成功のもと」ということなのです。

まだまだ育成においては、失敗すると、「何をやっているんだ！」というネガティブな声かけが多いのです。失敗することをいかにポジティブに考えていくかということでは、失敗しても「いいね！」といえる空間や文化、風土をつくっていくことは意義のあることにつながっていくでしょう。

ビジネスにおいても、近年の若い社員は、これまでの世代とは異なり、ゆとり世代と呼ばれています。過保護に育てられた世代に、いい動機づけをするには、失敗を怖がらず「チャレンジ＝成功」と捉えることでしょう。逆にチャレンジをしないことが失敗なのだということを伝えます。**失敗に「いいね！」と声かけをして、どんどんチャレンジをさせていくことで、育つ組織に導いていく**ことが大切なことなのです。

■勇気を持たずやらなかったことが一番の失敗

社員や選手たちに自発的なチャレンジをさせるには、リーダーは指導者の結果に対する評価が重要となります。たとえば、やったことがうまくいかなかった場合、すぐにそれを「失敗」と評価していませんか？

考えて行動した結果が、成功であろうと、失敗であろうと、チャレンジしたことを評価することが大切です。そうしないと失敗を恐れ、チャレンジすることをやめてしまいます。勇気を出してチャレンジしたにもかかわらず、「失敗」と評価されてしまうと、社員や選手たちもがっかりしてしまうのです。

自発的にチャレンジした瞬間を評価し、ほめることで、結果を気にせずに、どんどんチャレンジできるように仕向けます。むしろ、取り組まなかったことで、成功も失敗もない、何の進展もない状況というのが最悪なのです。

19 共通認識のために必要な合言葉の設定

■互いの感度を上げて心の周波数を合わせる

一人ひとりのコミュニケーションにおいて、人に合わせる力が大事です。そこで、言葉を合わせる合言葉に着眼してみましょう。

サッカーで選手同士がアイコンタクトをとるシーンがあります。お互い目でコミュニケーションをとるのですが、実はその前に、気持ちと気持ち、「ハート・トゥー・ハート」を合わせておかなければなりません。**心と心が感じ合っているレベルまでもっていく**ことが大事です。

心が合っていかないと、相手が次にどうするのか、どうしたいのかを理解することができません。互いに気持ちを認識しているからベクトルを合わせることができます。ですから、**常に互いが感じ合う**ことが大切なのです。

感じ合うということを具体的にすると、互いにどうしたいのかを考えて、空気感で感じ合うこともあるかもしれません。でも、そのきっかけを言葉がけでコーチングすることで、互いの気持ちを察するのであれば、それに越したことはありません。相手を知ることで、どうしたいのかということが、あうんの呼吸になってプレーが進展するのです。

そこで、選手が互いに感じ合えるような指導者の言葉がけとして、私の小中学校のサッカーの恩師である浜本先生がよく使われていた「感じ合っているかい！」の話をしましょう。

サッカーのパスは、パスの出し手と受け手のコンビネーションなので、互いに感じ合っていないとつながりません。シュートにつなげるのか、展開するのか、もしくはタメをつくるのか、互いに感じようとする心がないとうまくいきません。そんなときに浜本先生は、「おい、みんなお互いに感じ合っているかい！」と声かけをしていました。それによって、選手はアンテナの感度を上げて、互いに共通するベクトルを受信するきっかけになるのです。

つまり、この言葉がけで、アンテナの感度を上げて、互いの気持ちが感じる周波数に合わせようという感じです。抽象から具体化にもってくるとコンビネーションがよくなっていきました。

これは、練習でも試合でもプレーがチグハグな状況のときは、浜本先生から必ず言われていた印象深いフレーズなのです。

ある意味、タレント力のない安芸南高校は、感じる力で結果を導いてきました。この力が強くなればなるほど、足し算から掛け算に大きくパワーアップし、相乗効果が出てくるのです。ですから、私も「感じ合っているかい！」は、よく使っています。

ビジネスにおいては、時間に余裕のある仕事もあれば、限られた時間の中でこなさなければならない仕事もあります。あうんの呼吸でやらなければならない仕事もあるでしょう。サッカーにおいても、数秒で判断し、プレーしなければならないような場面がほとんどです。

プレーの一つひとつ声で発しながら確認をしていると、相手選手に次の展開を悟られてしまいますが、味方の選手同士があうんの呼吸で、互いの気持ちを感じ合っていれば、次のコンビネーションも有効にこなすことができるのです。

指導者やリーダーが「君たち、この仕事を感じ合ってやっているかい！」と声かけすることで、その声かけがきっかけとなり、互いに相手のことを感じ合ってよいコンビネーションで仕事に取り組んでくれることでしょう。

20 見られることの相乗効果とは？

■第三者に見られる環境をどんどん仕掛けていく

私のチームが強くなった要因の一つに、毎週のように全国から見学者が視察にこられることで、**選手たちが常に人に見られる環境にいる**ということがあげられるでしょう。

これといった戦績もなく、学校のお荷物的なチームだったサッカー部でしたが、全国の指導者や教育関係者、企業やメディア関係者に興味をもってもらい、毎週のように訪問されるのです。選手たちは、見られることを意識したことで、グラウンドでもオフ・ザ・ピッチでもパフォーマンスを上げていき、結果として能力向上につながったのだと考えています。

スポーツの世界では、観客のいないところでプレーをするより、一万人の大歓声の中でプレーする方が、断然、モチベーションが上がるのは想像できます。したがって、見られる環境づくりは、相乗効果がどんどん出てくることでしょう。人を呼んで見てもらうということも、自分たちが出かけていって見てもらうこともあるでしょう。そんな場面を仕掛けていくのです。

広島観音高校時代に、私は、試合中のベンチやハーフタイムのロッカールームでもメディア関係者やカメラマンの取材を許可して、選手の様子を見てもらっていました。それを続けることによって、子どもたちが緊張しなくなり、見られることに免疫力がついてきて、さらに報道関係者の取材に対しても、きちんと即答できるようになりました。全国大会に12回出場した広島観音高校時代には、生徒たちを見て、そんなところをすごく感じました。

全国大会では、テレビも全国ネットワークで放送され、新聞や雑誌も全国版の発行となることから不特定多数の人たちに発信されるので、**見られて成長する、見られるからいいものを見せようという意識が働く**のでしょう。発言力も普段より明らかに上がりました。

また、安芸南高校では、訪問者への説明は、キャプテンを中心に選手たちが担当するのですが、このプレゼンテーション能力は、日に日にレベルが上がり、高校生でも社会人とのコミュニケーションが立派にとれることを立証してくれました。

前述の部室の荷物整理についても、人に見られて評価されるので、がんばるのです。誰にも見られることもなく、評価もされなかったら、モチベーションも続かないことでしょう。

子どもたちは、打算的な自己犠牲や人に見られるからやっているわけでは決してありません。しかし、人間は誰かに見られて評価されると嬉しいのも事実です。第三者に意図的に見てもらうことで、チームのモチベーションも上がり、個の能力も向上していきます。このときリーダーは、あれこれいうのではなく、ただ**「観守る」**だけです。リーダーには、このような相乗効果を意識した環境づくりを仕掛けておく力も必要なのです。

ビジネスにおいても、自分のことを隠すのでなく、ガラス張りにして人に見てもらうことで自分のパフォーマンス向上につながることでしょう。

たとえば、部署同士で情報公開するとか、見られているからこそ、もっと考えていいものを見せようとか、うまくやろうと気持ちを高めることになります。

見られる環境をたくさんつくることが大切なのです。企業であれば、外部からの見学をどんどん受け入れるのもよいでしょう。人に見てもらうことで、社員も新鮮な気持ちでワクワクして仕事に取り組むことができ、モチベーションの向上につながることでしょう。そして、それは間違いなく見られなくてもできるようになるのです。

21

不満分子の育て方

■切り捨てずに育てることのできる土壌づくり

私は、不満分子を悪いものとして捉えず、不満分子がこっちを向いたときは、組織は莫大なエネルギーを発することになると考えています。

サッカーの分野でたとえると、技術がありサッカーはうまくても、チームや組織的に考えるとマイナスになってしまうというケースです。自分のうまさから、他の選手をないがしろにして、チームプレーがとれず、チームにとっては目の上のたんこぶといった存在です。

組織として切り捨てるのは簡単なことです。しかし、**いかに不満分子を自分たちの**

輪の中にいれることが大事なのです。チームを守るために切り捨てることで、組織を生産的に機能させるという考えもありますが、私は**切り捨てない**ということを大前提として考えています。

結局、**組織は一つのリング**なのです。一つひとつの輪がチェーンのようにつながって、一つの輪になっているというイメージです。一つの輪が壊れることで全体の輪はつながりません。ですから、いかにして不満分子を組織の一員に取り込んでいくかが大切になるのです。

それではどうやって育てるかということですが、それは環境だと考えています。たとえば、砂漠に種を蒔いても、花は咲かないけれど、ちゃんと栄養のある土壌に蒔けば花は咲きます。

自分の組織はどんな種でも花の咲く土壌なのか、限られた種でなければ花が咲かない組織なのかということです。人に置き換えれば、人の育つ組織なのか、育たない組織なのかということにつながっていきます。

どんな種でも育つようにするためには、いかにいつも土壌を耕しているかということになります。不満分子の育て方には、環境づくりが大切です。いい環境の中に、どんな不満分子が入っても改善できるだけの思いをもって取り組めるかどうかです。要は切り捨てず、育てる覚悟です。

たとえば、これまでのチームでも、中学で問題を起こしていた生徒が、高校に入ってもまた問題を起こすことがありました。いわゆる大変な生徒でしたが、チームメイトの応援もあって、チームに帰ってきてからは、「オフ・ザ・ピッチ」においても日常生活の手本となるような大活躍をしているというケースがありました。

このケースは、彼がチームをみたときに、チームの土壌が、自分を認めて、さらに成長させてくれる場所だと感じることができたからなのでしょう。問題を起こしてきた彼を受け入れて、さらに人間として成長させる土壌を子どもたち自身が耕し、つくれることが素敵なことなのだと感じました。

広島観音高校時代のチームにも、似たようなケースはありました、チームメイトの応援でチームに復帰して、それからは人が変わったように献身的に取り組み、人間力を上げ、周りの信頼を獲得し、レギュラーメンバーとなり、全国大会ベスト8のときも出場し、「オン・ザ・ピッチ」で貢献したということもありました。不満分子がこちらを向いたときは、莫大なエネルギーを発するといったケースです。

ですから、**育てる組織というのは、誰も切り捨てない組織であり、全員が主役として適材適所で機能していく**ことだと感じるのです。

リトルニュートン
インターナショナル幼稚舎

一人一役の全員リーダー制を園児に実践

リトルニュートンインターナショナル幼稚舎は、広島市で4教室を展開されている幼児教育施設です。0歳から5歳までの未就学児がいます。園長の佐々木康太さんは、自ら考えて行動する子どもたちを育成するという素敵な教育方針を打ち出されています。ボトムアップ理論の活用として、見えるプロセスは、3歳児からの荷物整理や全員リーダー制です。朝寝坊係、掃除係、ピアニカリーダーなど、安芸南高校で取り組んでいる一人一役の全員リーダー制と同様に、園児たちにも役割のリーダーを決めて、その役割を実践しています。

また、自分たちで考えて行動するプログラムとしては、たとえば、野外活動でチーム分けをし、池の岸から岸へチームでボートを使って渡るという課題を与え、子どもたちだけのチームで解決するという自立心を促すプログラムを実施されています。保育士の先生はそれを見守るだけ。子どもたちは自分たちのチームで話し合い、コンセンサスを取り、トライ・アンド・エラーを繰り返しながら解決していきます。保育園という教育の一番年齢の低い子どもたちでも、ボトムアップを取り入れられることを証明し、そこで育った子どもたちの成長が楽しみです。

第3章

オプションを生み出す多様性

22 縦関係の逆発想

■リーダーが率先して動くと全員が動きだす

ここで、ボトムアップの組織づくりで、オプションとなる方法のヒントとなることを考えていきます。

安芸南高校では、3年生がグラウンド整備して、3年生が掃除し、3年生が何でも率先してやりましょうということにしています。なぜなら、一番のベテランなのでチームのことをよく知っているからです。そして、2年生はそのサポートをして、1年生はそれを見て来年の準備をするという仕組みにしています。これまでの体育会系部活動の学年による縦の関係を逆転させているのです。そうすると2年生、1年生は、すぐに「先輩、僕がやりましょう」といって仕事を代ろうとします。この光景がすがすがしいものです。

会社でいうと、新入社員、中堅社員、社長という縦関係がありますが、会社で社長が社長室で腕組みをしているのではなくて、朝早く出社して掃除したり、ごみ捨てをしたりする姿を社員が見たら、自分たちも動き出すということもあるのではないでしょうか。トップが動くからこそ、部下が動くのです。

私が企業講演をした中古車販売会社の社長は、毎朝一番に出社して、もくもくと掃除をされています。会社の外でも長靴をはいて泥だらけになって掃除をされていました。そういう姿を社員が見れば、もう動かざるを得ないわけです。

リーダーというのは、周りの人から「この人のために何ができるか?」と思われ、動き出されるような行動を起こすべきポジションなのです。 いくら力があっても信頼がなければ、周りのフォロワーから一目置かれません。いざというときにも助けてはもらえないでしょう。

私の恩師である、浜本先生は、いつもグラウンドには一番早く来て、監督自らが何に対しても率先して動いていました。グラウンドにラインを引いたり、用具の準備をしたり、その姿は忘れることができません。普通監督は、ゆっくりグラウンドに来て、椅子にすわって指図をすることが多いのですが、私は浜本先生の背中を見て育ってきたので、それを実践しているだけなのです。

■良案は年齢に関係なく思いつくもの

私が大学時代のチームのエピソードを紹介しましょう。

順天堂大学4年生のときのチームは、4年生の考えた戦略をトップダウンで3年生、2年生に押し付けることから始まりました。しかし、そうすると、なかなか練習試合で勝てない状況が続きました。

そんなとき、下級生から、我々4年生に対して彼らが考えた戦略の提案があったのです。これまでのチームなら、「下級生が一人前の口を利くな。黙っていろ！」ということになるのですが、当時キャプテンだった堀池巧を中心に、ゲームキャプテンだった私や同僚と話し合いをし、最終的に下級生からの提案でやってみようということになり、彼らの戦略プランで試合に臨むことになりました。そうするとチームは連戦で勝ち続けたのです。その勢いはとまらず、関東選手権優勝、総理大臣杯優勝、全日本インカレ優勝と大学サッカー三冠を達成したのでした。

そのとき私は、4年生だからサッカーのことを何でもわかっているわけではなくて、下級生でもサッカーのことをわかる選手はいるわけで、解決方法も、私たち4年生には発想できなかったことを導き出してくるのだから、上級生だからといって威張っているのは、考えものだなと感じました。

縦関係の逆発想という点では、私には非常に印象深い出来事なのでした。

23 ワクワクするから結果が出る

■ワクワクする考え方の二つのタイプ

良い結果が出ると、当然嬉しいので、まだまだ次もいけそうだと、ワクワクします。結果が出るからワクワクするのではなく、ワクワクする先に結果が出るという逆の考え方です。

アスリートでも、考え方のタイプは二つあります。一つは、イチロー選手のように結果を出すことによって、その先が見えてくるというタイプです。もう一つは、**常日頃からいろいろなことにワクワクしながら打ち込むから、その先に結果が出てくる**という逆発想の考え方をするタイプです。育てる組織でいえば、プロセスありきの後者の考え方になってくるでしょう。

トップアスリートだけを集めて戦っていくプロの世界では、結果が重視されるので、結果を出すことで、その先が見えてくるというところがあるかもしれませんが、育てる組織では、まずは現場が楽しく、前向きにワクワクしていることです。

できそうだな、やれそうだな、という状況をつくり出すことが、モチベーションの原動力になるでしょう。ワクワクしてやるからこそ、いい結果に導けるのです。

どのようにしてワクワクを演出するのか

それでは、ワクワクする感覚は、どのようにして引き出すのかというと、できそうだな、やれそうだなという目標設定がポイントになります。とても到達できそうにない高いレベルに設定しすぎてもワクワクしませんし、低すぎてもワクワクしません。**届くか届かないというような目標設定をしていく**ことが大切です。

リーダーは、そのワクワクを感じることのできる設定をするための観察力と仕掛けのつくり方を覚える必要があります。

たとえば、安芸南高校がいきなりビジョンとして、「日本一」という目標を設定したら、生徒たちはワクワクするよりも、リアリティのない高い目標だと感じて難しいという気持ちが先行するでしょう。最初は、「県大会出場めざす、県ベスト32位」を目標にして、達成することができたら、「県ベスト8」といったように現実的な目標の設定が大切です。

株式会社メンタリスタの代表である大儀見浩介氏は、研究によると適正な目標設定は110％で、約10％のアップが適切で達成可能な目標設定だといいます。できそうだとか、やれそうだといったレベルの設定がワクワクさせるということです。

そして、**長期目標、中期目標、短期目標と設定し、そこから逆算して行動プランを考えていく**のです。やはり、数値や数字だけの結果を重視すると、プロセスを軽視し先回りをしてしまうので、プロセスのない結果は、振り返りもあまりないことでしょう。

ワクワクさせる仕掛けについては、安芸南高校でサッカーの練習試合を組むときには対戦相手を設定します。20試合あれば、完全に勝つ試合を5試合、負ける試合を5試合、イーブンの試合を10試合というバランスになるように対戦相手を設定するのです。自分のチームが、どのチームよりも格上なのか、格下なのか、現実のチーム技術やモチベーションなどを総合的に判断して、対戦相手を設定します。

次の目標に対して、勝敗の状況にワクワクし、モチベーションのアップになるようなバランスをとっています。

育てるということでは、プロセスを重視します。適切なプロセスだから、いい結果を残すことができるという指導が大切なのです。要するに人間力を育成するプロセスがあれば、いい結果はおのずと出るということです。

24 トップボトムアップで活性化を図る

■二つを混ぜ合わせることで革新を生み出す

「トップボトムアップ」とは、私がつくった造語で、「トップダウン」と「ボトムアップ」の融合です。

上から下への指示や命令の「トップダウン」と下から上への組織構築の「ボトムアップ」をどちらもバランスよく機能させるというコンセプトです。

ボトムアップにおいては、引き出すだけではなくて、教えることも大事です。融合させて何をするのかを認識すれば、後はそのバランスが問題になります。

私の講演では、「わからないものにどうやって行動を促すのか？」という質問がよくあります。数学の問題を解くとしたら、数学の公式は教えますが、その公式を応用して問題を解いていくのに、公式も教えて、解き方も教えて、答えも教えてしまったら力がつきません。

最初はトップダウンで公式を教えて、次にボトムアップで引き出すようなサポートやアドバイス、そして提案をして、自分で答えを導き出すための流れをつくるのが理想的です。

その際、気づきのある人は、答えを導き出すのに、トップダウンが1割で、ボトムアップが9割かもしれませんし、中にはトップダウンが5割で、ボトムアップも5割というフィフティ、フィフティの人もいるかもしれません。そのような個の能力を指導者がよく観察しながら育成していくことが大切です。

もし、指導者がトップダウンを100％しているとするならば、子どもたちのできることを1％ずつでもいいからボトムアップで任せてみることをおすすめします。組織としては活性化が高まると感じることでしょう。

P125の図のように、あるべきチームの活動として、躾《しつけ》・理念・目標・行動指針などは、トップダウンで教えていきます。そして、主体的に動き出すように挑戦、創造・実行といった人間的な成長を促すことはボトムアップでサポートします。

その融合の結果、**言われたことに対して個や組織として応用し、自己流に革新していける行動を導く**というコンセプトです。

たとえば、一つのビーカーの中に、同じ物質が混ざり合っても何の反応も起こりませんが、一つのビーカーの中に、違う物質を混ぜ合わせると初めて、ここで化学反応が起こります。

そして、化学反応が起こるから新しい物質が生み出されます。化学反応が起こるか

■トップボトムアップ

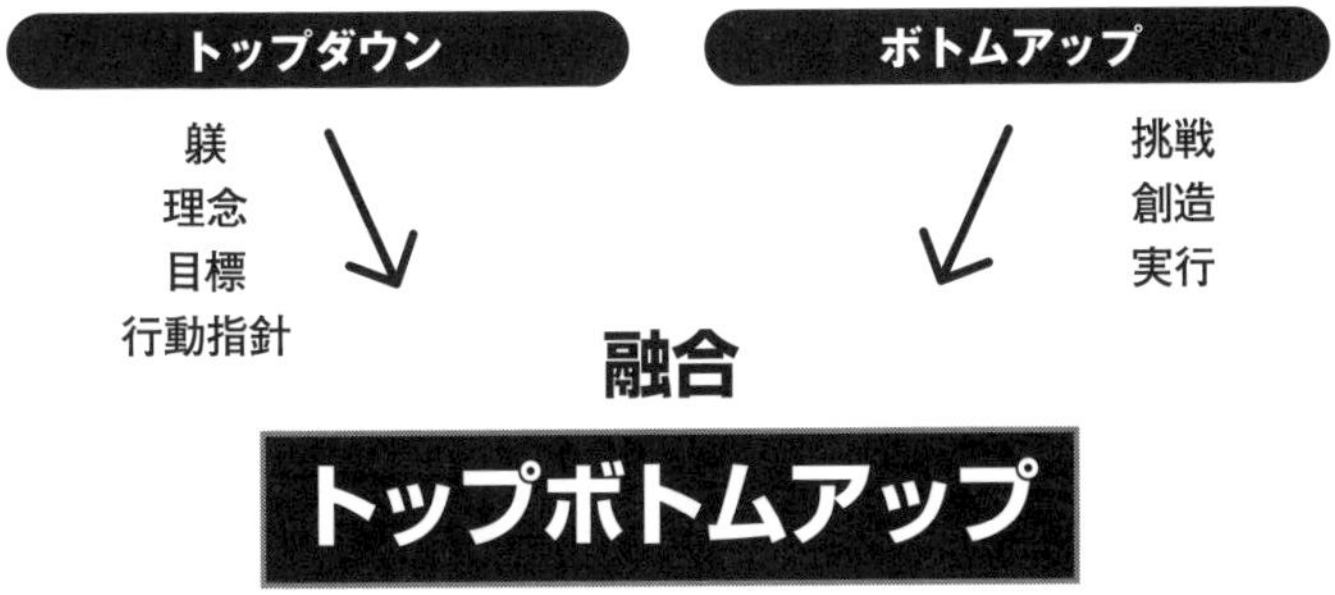

言われたことに対して個や組織として応用し、自己流に革新していける行動を導くというコンセプト。トップダウンとボトムアップの融合化はバランスが重要となる

ら革新できるのです。ですから、「トップダウン」と「ボトムアップ」を混ぜ合わせることで化学反応を起こさせて、新たな革新を生み出してほしいのです。

ボトムアップから大きな矢印が拡大していくように、組織づくりのオプションとして「トップボトムアップ」を考えていきましょう。

25 積み上げ方式からゼロベース方式への勇気

■伝統を残しながら新しいものを取り入れる

組織の作り方で**積み上げ方式**というのは、あるものにドンドンものを積み上げていくような方式です。現状の延長線上で、さらにどう積み上げるかを考えていきます。

組織がうまくいっているときは、この積み上げ方式です。一方、組織がうまくいかなくなったときには、どうするのかというと、必要なものと不要なものを区別して、一度そのものを横に置いてから、ゼロの状態にして組み直す**ゼロベース方式**となります。

新しいことを始めるというのは、勇気が必要なことなので、誰もが、なかなかチャレンジをしようとしません。

これまでトップダウンで積み上げてきたものにこだわり、わざわざ、ボトムアップにしていく勇気がなければ、うまくいかなくなったときにも、なかなか解決することができないものです。だから、その勇気を持ってほしいのです。

もちろん、組織を素敵にするためには、今まで積み上げてきた何十年、何百年という伝統があるのであれば、つなげていく必要はありますが、問題はそこからです。**伝統を受け継ぐばかりではなく、革新を追求していかなければならないのです。新たなものを組織に取り入れていくところに価値があるのです。**

つまり、伝統を受け継ぐことと、革新を追及することはセットで考えなければならないということです。伝統だけでもダメ、革新だけでもダメです。昔のものと新たなものは、どちらも組織の中で大切にしなければなりません。

伝統を受け継ぐということは、創業者である、つくった人の思いをつなげていくことです。どこに組織の原理原則をおくのかというと、やはり創業者です。創業者の思いをまず、つなげます。ここをずらさないようにしないと、組織自体が違う組織になってしまいます。

しかし、創業当時からのことばかりを何十年もやっていくだけでは、世の中の流れに取り残されてしまいますから、革新を追及していく必要があるわけです。伝統と革新を組み合わせて追及していかなければ、組織は衰えていくものです。

さらに、これから何十年も先の未来までつなげていこうと考えているのであればなおさらです。**リーダーは伝統を重んじながらも革新を追求するという姿勢で運営に取り組み、個を育て、組織を育てていかなければなりません。**

安芸南高校には「全力一生懸命」という伝統があります。トップダウン的なものではあるのですが、私は、そのいい部分を受け継ぎながら、ボトムアップ理論をうまく加えていき、双方のバランスを取りながら、子どもたちが自立していけるようにして

■ゼロベース方式と積み上げ方式の違い

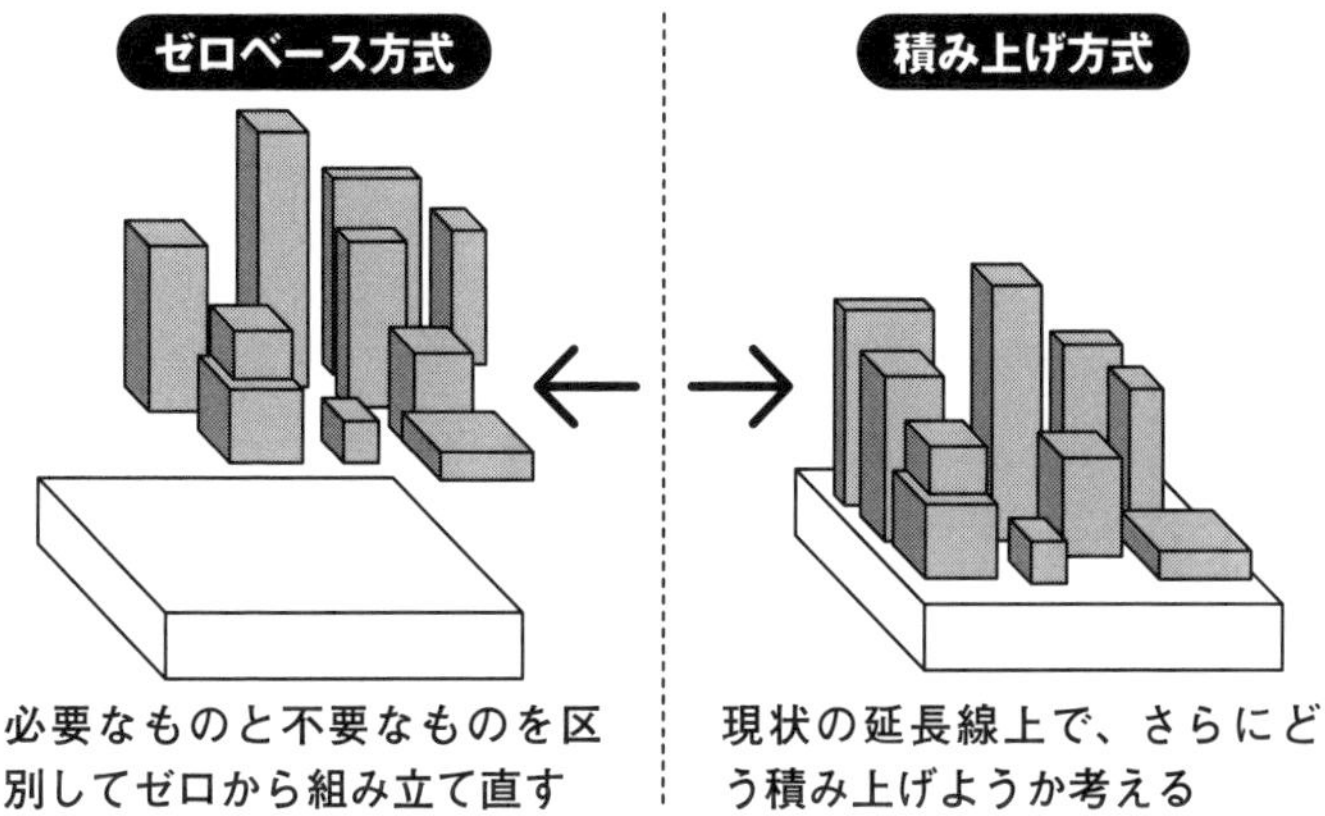
ゼロベース方式
積み上げ方式
必要なものと不要なものを区別してゼロから組み立て直す
現状の延長線上で、さらにどう積み上げようか考える

います。伝統に革新を組み合わせていく考え方なのです。

■伝統を残しながら新しいものを取り入れる

私は、ボトムアップ理論の講演やセミナーで全国各地をまわっていますが、ボトムアップ理論を導入しているのは、まだまだ少数のチームや組織だけです。

誰もがやっていないからこそ、勇気をもって新たなことにチャレンジしていくことは大切なことなのではないでしょうか。

なかなか、組織づくり、人づくりには着手していけないようですが、そこに勇気をもってチャレンジしていかなければ、新たな文化や、さらにこれからの新しい時代を築くことはできません。

時代というのは、いままでの歴代の著名人は、新たなことに取り組んだからこそ、一つの時代を築き、後世にまで名を残すことになったのではないでしょうか。

坂本龍馬や松下幸之助などの偉人といわれる人たちが、その時代の文化をつくっていった背景には、やはり誰もやっていない新しいことに取り組んだことにあると感じることができます。新しいことに勇気をもって取り組めるかどうかが大切なのです。

新しいことに取り組んだことが、次につながっていくわけです。次につながっていくから、文化になっていくのです。

リーダーには、怖がらずに新たなものに取り組むことのできる「革新」をしていく力が求められます。革新が生み出した新しい文化の中で、個も組織も未来へと育っていくのです。

26 人が見ていないときでも当たり前のことを

■自己主張のできる環境とできない環境

人に見られていなくても、きちんとしている組織づくりをしましょう。見られることの相乗効果の話をしましたが、見られていなくても、自分たちできちんとできるということは、それはそれで素晴らしいことなのです。

昔の安芸南高校の部室は、まさしく、人が来るからきれいにするというような状態でした。散らかったから、きれいにする。人から見られるからきれいにするけれど、人から見られなければ、ぐちゃぐちゃという状況だったのです。

けれども組織とは、人に見られなくても、常にきちんとできるようになってこそ魅

力的になるものです。そういう視点をリーダーがもっていることが大切です。「人が来るからきれいにしとけよ」と言葉にしてしまうと、「人が来るときは、ちゃんとしないといけないのだ」と思ってしまいます。

学校の授業で教師がいるときは、きちんとしているクラスも、教師がいない自習のときに、教師のいるときと同様にきちんとしているのかということです。魅力的な組織というのは、先生や上司がいるからがんばるというのではなく、常に全力でがんばれる個の集まりなのです。

本来、ボトムアップは自主自立できるように選手に任せるのですが、私は常にそばで観察しています。しかし、その距離を少しずつ離していき、姿を消して「観守った」り、一気にいなくなったりして、自分のいない場面を意図的につくります。ある県リーグの公式戦では、前半は保護者と一緒に応援席で見て、後半からベンチの後座席に座りました。ときには、県外に講演にいって監督不在のこともあります。監督がいないので助け舟はありません。選手は自分たちで考えて解決するしかないのです。

ヨーロッパのサッカー指導は、監督が見ていることが前提となります。何年か前に、FCバルセロナで公認コーチをされていた村松尚登さんと対談をしたときに「畑さんがバルサにいったら5分でクビですね」と言われました。

ヨーロッパは選手の成熟度が違います。日本では20歳で成人ですが、ヨーロッパは18歳で成人になります。この2歳の差が大きいのです。18歳で大人として扱われるわけですから、小さな子どもも自己主張をします。日本の小中学校では、監督に自己主張ができる環境はありません。「僕は、こう思います」といっても、「うるさい」と返されるだけでしょう。ヨーロッパでは、家庭の中でも、「僕はこうだ」と自己主張できる文化が存在します。

日本では小学校4年生くらいの選手は、監督が「ラインを上げろ」と言われれば、100%ラインを上げるでしょう。ヨーロッパでは、ラインを上げない選手が大勢いるそうです。監督が「何でラインを上げないんだ」と聞くと、「僕は上げる状況ではないと思った」と自己主張をしてきます。それを指導者も受け止めるのです。これが日本とヨーロッパの大きな違いだそうです。

そして、私のボトムアップ理論は、選手が気づくまで考えさせるので時間がかかりすぎて、ヨーロッパでは育成方法として受けいれられないだろうといいます。ヨーロッパは選択肢を子どもに与え、それをどのように選ぶかを考えさせる指導だということです。ボトムアップ理論のように選手が気づいてから動き出すようでは、時間がかかり過ぎて待つことができないのです。

ただ、最後に村松さんがいわれたのは、日本で指導するには、ボトムアップ理論は理にかなっているとのことでした。なぜなら日本は学校教育の中に、スポーツ教育がありますョーロッパは9割が社会体育で、お金を払ってサッカーやテニスを習うことが大半です。しかし日本では生徒がいて指導者がいるという学校教育が中心となっているからでしょう。これからも日本のストロングポイントを生かして指導を追求していきたいです。

27 真似こそ、ベリー・クリエイティブ

■真似から得た基本を応用し自己流につなげる

「誰かの真似をしてもしょうがないじゃないか」、というフレーズは、非常に乏しい発想だと感じます。

よくテレビで、ものまね番組をやっていますが、人の真似をすることにどれだけのエネルギーをかけているのか、本物に似させるということがどれだけ難しいことなのかを、わかっていない人の発言です。

人の真似を抽象的にやっても仕方ないというのですが、きちんと真似をしようとすると、相当なトレーニングをしていかないと似ることはないでしょう。基礎・基本が

あるからこそ応用があるのです。

服を着くずすといいますが、「着くずし」は、ちゃんと着ることができているからこそ、初めて「着くずし」になるわけで、最初から着くずしになっているのは、だらしないということになります。まずは、真似から初めて、同じことができることが、次へのベリー・クリエイティブにつながるのです。

ですから、真似が悪いわけではなくて、**真似をするところから、次の応用、自己流にしていくところに、創造の世界がひろがっていく**のです。

ボトムアップ理論の場合でも、いいものを真似することから始まります。その真似の基本が、次へのクリエイティブに導いてくれるのです。

サッカーでいうと、憧れの選手のフェイントを真似するということもあるでしょう。私も、よくヨハン・クライフの真似をしました。真似をすることは相当に難しいものです。そして、そこから新しいフェイントを開発していきます。仕事もまず先輩の真似をすることから始めて良いのではないかと感じます。

守破離《しゅはり》という段階を表す言葉があります。「守」は真似をして基本知識を習得して理解する段階、「破」は基本を破って応用する、「離」は応用からさらに離れていき自己流にしていくという成長の段階を表す言葉です。「守」は、つまり真似をする段階ですから、真似ができなければ「破る」ことも次の段階の「離れる」こともできないということです。ですから、「真似じゃダメだよ」ではなく、「真似をまず、しなければダメだよ」ということです。真似をすることからすべて始まります。

私の指導の場合は、恩師の浜本先生の真似をすることから始まっています。浜本先生に近づきたいという思いから、いつも浜本先生が発していた言葉、声かけ、行動、それを自分で真似をすることから始めました。

浜本先生がいわれていた言葉は、すべてノートに書き留めていたので、自分がチームをもったときは、自分が選手時代にかけられていた言葉を選手たちにかけています。たとえば、互いのパスが通らなかったとき「感じあっているかい！」と互いに相手の気持ちを感じあうことに気づかせる声かけです。

最近は、口調やしゃべるトーンが浜本先生に似てきたと人にいわれました。練習メニューの指導についても、リアリティのある練習をテーマに、味方、相手、ボール、ゴールは必ず設定しています。週2回の量より質の練習も浜本先生の真似からなのです。

そのおかげで、さらにクリエイティブに、浜本先生の教えを進化させた今のボトムアップ指導がうまれてきました。浜本先生の真似をすることから始まって、近づくことに一生懸命にチャレンジして、やっと自分の指導が見つけられたという感じです。だから、私にとって浜本先生のように真似をしたいと思えるような恩師に出会えたことは、本当に幸せなことなのです。

28

「屠龍技《とりゅうぎ》」を意識する

■無駄になっても価値のある努力

屠龍技というのは、『荘子』列禦寇《れつぎょこう》の一節に、龍を殺す技を身につけるのに多くの費用と時間をかけたが、龍がいなかったのでその技が役に立たなかった、という故事があることから、高価な犠牲を払って学んでも、実際には役に立たない技芸という意です。

昔、中国の山から出てくる龍を退治しようと、若者たちが退治する技を磨いたけれど、その龍が出てこなかったので、その訓練で身につけた技が無駄になったということからきています。簡単にいうと「無駄な努力」ともいえます。

東京都消防庁のハイパーレスキュー隊の部屋の壁に「屠龍技」と書かれた書の額があると聞きました。消防のレスキュー隊員たちは、火事に備えて日頃から厳しい訓練をしています。しかし、火事はないほうがいいに決まっています。

つまり、無駄な努力ではなく、その一瞬のためにしている努力は、**たとえ無駄になっても価値のある努力**だということです。日頃から、もしものときに備えて消防隊員が訓練している屠龍技を意識することを心がけたいというものです。

サッカーでいうならば、日頃時間をかけて取り組んでいる練習から屠龍技を磨いておくことで、強いチームをつくることにつながるのではないでしょうか。

たとえば、フォワードの選手が、味方のボランチの選手がボールを保持しているマイボール状態のときに、ボランチからスルーパスが出ることを予測して、前線に飛び出す動きをすることがあります。

もしかしたら、パスがこないかもしれないし、別の味方の選手にパスが出されることもあるので無駄な走りに終わることもよくある動き方なのですが、それも屠龍技を意識して、いつもは無駄になるけれど、あきらめずに何回も前線に飛び出す動きをしているうちに、もしもの一瞬にビッグチャンスにつながるかもしれません。ジュビロ磐田の中村俊輔選手がよくやっている「クリエイティブな無駄走り」ということにも通じるのです。

こんなことなんか起こらないだろうという瞬間を想定してトレーニングをすることによって、もしもその瞬間が訪れたときに対応できるのです。

安芸南高校では、靴ならべをしていますが、ある意味、勝利には無駄な努力といえるかもしれません。それでも、きれいに整ったシューズを見た人たちに気持ちよく感じてもらえるだけでも価値のあることなのです。

ちなみに私は、屠龍技という言葉は、最近知りました。安芸南高校サッカー部のキャプテン宇野広大君に教えてもらいました。彼が、チームをまとめるキャプテンとしていろいろな組織向上の勉強をしている中で見つけてきた言葉です。

彼は、朝練習の全体ミーティングで仲間に屠龍技という言葉を披露し、もしもの一瞬に対応することがチームにとって大きな価値になるとトレーニングで列禦寇に取り組むことを提案していました。

私は、毎日毎日少しずつ成長していく子どもたちを見ていて、指導者も生徒から学ぶことは、たくさんあり、努力しなければいけないということを学びました。

29 見えるプロセスよりも見えないプロセスを大切に

■「価値のある負け」も評価する

「見えるプロセス」は、結果や流れであったり、評価や数字であったりします。誰にでもわかりやすい評価のことです。しかし、大事なのは、「見えないプロセス」にある、人の心情の変化にあります。ここが育っているかどうかを評価していかなければ、いい結果も導けないものです。ですから、**「見えるプロセス」と「見えないプロセス」の両方をきちんと見ながら柔軟にすすめていく**ことが重要です。

安芸南高校でいうと、高校3年間で優勝したというよりは、3年間でどういう選手が育ったのかということの方が大切になります。具体的には、勝ったときよりも、負けたときの「見えないプロセス」の評価をどのように捉えるかです。つまり、うまくいかなかったときの評価の捉え方です。

「見えるプロセス」は、試合に負けたということです。「見えないプロセス」は、子どもたちがこの試合に向けて、どのようなスケジュールを立てて準備してきたのか、どのようなチャレンジをして成長をしていったのか、それが生きていくための軸になっていくので、この「見えないプロセス」を評価していかなければいけないということです。

試合に勝ったことや負けたこと自体は、子どもたちにとって生きていくための軸になることはありません。試合に負けてしまっても、心が育っているところを認めて評価することが、次のステップへのエネルギーになり、また再びチャレンジをしていくことにつながります。試合には負けたけど、そのために努力して成長した、「価値のある負け」であったことを必ず評価します。

スポーツでは「1位以外は意味がない」、「勝てば100点負ければ0点」といわれる指導者もよくいます。けれども、そんなことはなくて、各順位やそのための取り組みを認めて評価しなければいけないのです。もしチャレンジそのものを否定してしまえば、チャレンジすることもやめてしまいます。結果的に、結果重視、勝利至上主義ということにもなり、結果だけを追求すると、その先には体罰やドーピングのような大きな事件につながっていく可能性も秘めているのです。

会社でいうならば、お金を儲けることしか評価しないので、オレオレ詐欺のような違法行為、横領、詐欺など、どんな手を使ってでも、お金を手に入れた者が勝ちということになってしまいます。

倫理観、道徳心を絶対にずらさないようにしながら、その先に結果があるという考え方が大切なのです。結果だけを評価すると、結局「勝者」だけの評価になります。でも「弱者」にも目を向けなければいけません。1番の順位だけではなくて、いい結果が出なかった人たちも評価する必要があります。

能力のある人も、今は能力がないかもしれない人も、結果ではなく、同じように努力をしてきたプロセスを認めることが必要です。認められると、人には承認欲求があるので、そこから自立心が見出されてくることでしょう。

また、会社であれば、その人のもつ技術とではなく、その人自身と契約しているはずです。その人の技術で契約したのであれば、ケガをして一年間出勤できなくなったら給料を払えませんということになります。でも、人と契約しているのであればケガをしていても、給料は何らかの保証になります。人として契約しているわけで、結果と契約しているわけではないのです。

「見えないプロセス」である、人の心情の変化を評価対象にしない組織は人を育てることができません。企業も結果として業績が上がることだけを評価するのではなく、社員が人としてどのように育ったのかを評価することが必要です。「見えないプロセス」を置き去りにすると必ず失敗や事故につながります。

カラオケスタジオ「ビリー・ザ・キッド」

「トップボトムアップ」を採用して組織を強化

カラオケスタジオ「ビリー・ザ・キッド」は、広島県の西部エリア、広島市、呉市、東広島市で9店舗を展開するカラオケスタジオのチェーン店です。もともとトップダウンの会社でしたが、ボトムアップ化をしていかなければ時代遅れになるのでは、ということで株式会社ビリー・ザ・キッドの大畑収矢社長代行を中心に「トップボトムアップ」という二つの相反する理論の融合をコンセプトとして取り組んでいます。

そのためにまず行ったのは、各店舗の店長を集めてリーダー研修。店長は正社員ですが、他のスタッフは、アウトソーシングのパートさん、アルバイトさんです。そこで、正規社員、非正規社員を含めたトータルでのチームビルディングの一環として研修を行ったのです。お客様への接客のホスピタリティは、トップダウンのマニュアルだけでは、クオリティの高い接客は不可能なので、ボトムアップによる自分で考えて判断する接客を引き出せるかが、この会社の課題の一つです。社員でもアルバイトでもそれぞれがリーダー的思考を持ち、チームとしてホスピタリティ力を高めることで、チーム力は上がっていくことでしょう。

第4章

次世代へつなげる環境づくり

30 人間力が組織を前進させる

■すべては日常生活から始まる

ボトムアップのミッションは、**「自主自立の人間育成」**です。自分で考えて、自分で判断し行動できる、これから社会に旅立ち一人で行きぬける人材をつくります。そして「倫理観、道徳観をもった人間力の育成」です。

人間力というのは、知力、体力、気力、実践力、コミュニケーション力という五つの構成要素から成り立っています。サッカーに限らず、社会に出ても必要な能力で構成されています。

人間力の上に組織の前進があることを忘れないように育成をしていきます。したがって、サッカー選手だからといって、サッカーだけがうまければいいというわけではありません。練習しなくてもうまいからというような選手を試合に出場させることは絶対に認めません。

広島観音高校のときから、試合の選手起用については、選手たちに全権を委ねているわけですが、監督である私と選手やスタッフの共通認識や基準は当然必要です。その優先順位は、**①社会性、②賢さ、③上手さ、④強さ、⑤速さ**です。普通は③の「上手さ」を優先順位の一番にすることが多いでしょう。しかし、私は①の「社会性」を最重要視しています。将来、大人の社会でも自分をもって立ち向かえるような人間力を磨いてもらいたいからです。

これは、私一人で決めた優先順位ではありません。広島観音高校で指導を始めた頃に選手たちと相談して決めました。それまでは、練習にも顔を出さない選手がレギュラーで試合に出場していたり、技術のある選手ばかりが試合に出ていたりしたのです。しかし、それでは子どもたちも納得がいかなかったのでしょう。結局、人間力を優先する順位にまとまりました。

人間力を育成するためには、サッカー以外の日常生活もすべてが必ずリンク、連動しているというスタンスを取っています。つまり**「オン・ザ・ピッチ」と「オフ・ザ・ピッチ」が連動している**ということです。日常生活がきちんとできていなければ、サッカーがうまくてもダメだということです。

スポーツの一流選手は日常生活から取り組み方が違います。二流選手では練習のときからになり、三流選手だと本番の試合のときだけです。一流をめざすのであれば、すべては日常生活から始まっています。

最近のスポーツ界では、有名選手が犯罪や事件を起こすニュースもあります。日本を代表する一流スポーツ選手で、いくら技術があっても人としてやってはいけないことをやれば、誰も評価しません。それどころか大きな代償となります。結果を出すことばかりに意識がいき、この人間力につなげることを重視するフレーズを逃している

■一流とは

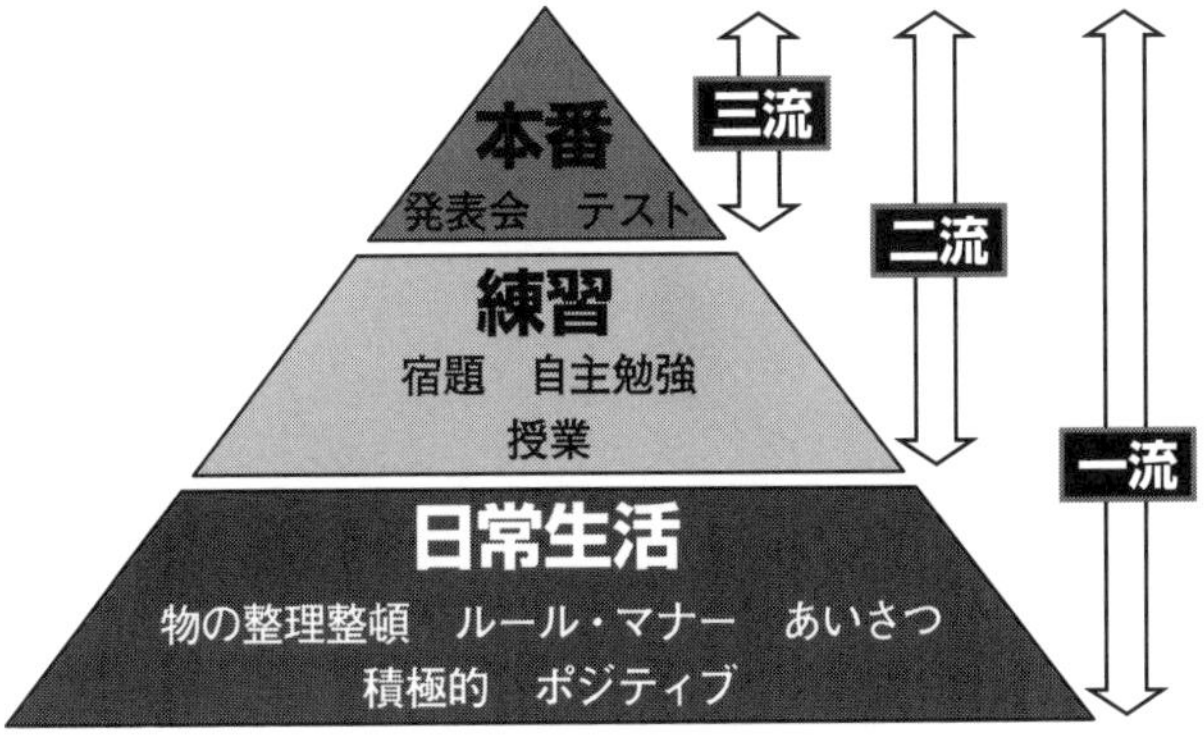

一流は、日常生活のときからやっている。二流は、練習のときからやっている。三流は、本番のときからやっている。この差はとても大きい。

指導者はたくさんいます。

企業も、儲けや売上げ重視で、儲かれば何をやってもいいということではないでしょう。利益のために詐欺のように人をだます違法行為に手を染めれば、必ずその代償は訪れます。

そういう人をつくらないためにも、人間力の上に組織の前進があるということを忘れないように育成をしてほしいのです。それが組織を未来へつなげていくことになります。

31 強く素敵な組織とは

■上に伸びていないときは、しっかり下に根を張る

ボトムアップでは、組織を未来へとつなげるには、強く素敵な組織にすることが大切と考えます。

「強く」という意味は、樹木でいうと、実や花が咲くこと、企業でいうと、生産力、売上げ、年商が高いというイメージに捉えることが多いことでしょう。

しかし、私が考える「強く素敵な組織」とは、実や花が咲かなくても、しっかりとしたたくましい茎が育ち、大きな葉がつき、深く長く土に根が張った状態で、少々の悪天候にびくともしない揺るがないものであり、そういうときほど下に土台づくりをしていると考えます。

つまり、安芸南高校でいうと、負けたからといって、ネガティブに落ち込むのではなく、苦しいときにこそ崩れることのない土台をもつ組織に育てています。

ただ単純に勝つだけではなく、**「価値ある勝ち」**をめざし、未来に続く組織をつくっているのです。

「オン・ザ・ピッチ」と「オフ・ザ・ピッチ」がしっかりとコーディネートされて、うまくいかない時期があっても横に揺れて崩れるのではなく、そこで力強く立ち直るように育てています。勝つことばかりがすべてではなく、負けているときでも、軸をつくっているときだと考えています。

たとえば、企業の場合でも、多角的に見て、決して生産率が高いだけが、素敵な組織ではなく、どういうプロセスを踏んできたか、また生産性の先には何があるのかを考えることがとても大切です。

プロの将棋界に君臨する羽生善治棋聖の言葉に、「勝ち負けにはもちろんこだわるが、大切なのは過程です。結果だけならジャンケンでいい」という言葉があります。まさしくそういうことです。

ただ、「勝ち」だけを求めるのではなく、そこにたどり着く日常生活から始まって、何度もいうように、その**プロセスもリンクさせた「価値ある勝ち」をめざすことが大切**だと考えています。

つまり、樹木は「上に茎が伸びないときは、下に根を張るとき」といわれます。要するに、うまくいかないときは、自分たちの土台づくりをするときであり、いずれきっと、また伸びていくということなのです。

上に伸びないときは、一般的にはうまくいっていないときと捉えることが多いのですが、そんなときは、下に根を張っているときで、土台をかためる時期だという考え方です。

勝つにしても「価値ある勝ち」をめざす。それまでのプロセスもリンクして考えるべきである

組織にとっては、生産を増やして利益の上がっているときや試合に勝っているときばかりがすべてではないのです。

うまくいっているときは謙虚に捉えることができ、うまくいかないときにこそ、悩み考えて土台を強固にしていくことのできる組織こそが、強く素敵な組織なのです。

32 「監督いらないじゃないですか」は、最高のほめ言葉

■自主自立の人間育成で依存しない組織づくり

普通は、「監督いらないじゃないですか」というとネガティブに受け止められます。会社でたとえると、「社長がいなくても、この会社は動きますね」ということになります。しかし、ボトムアップ理論で考えると、監督がいなくても結果がでるということは、裏を返せば、**監督がいなくてもプロセスがしっかりとしていて結果がでるような組織づくり**をしているということです。「監督いらないじゃないですか」と逆にそういわれることは、私にとっては、ほめ言葉です。ですから、リーダーには、自分がいなくても動くような組織をつくってほしいのです。**良い組織は、リーダーがいなくても機能していきます。**

逆に、「社長がいないと、この会社はダメですね」ということもあります。サッカーのチームでいうと、カリスマといわれる監督がいなくなると、弱くなるチームがほとんどです。カリスマ監督に依存しているので、いなくなると勝つことができないのです。そんなチームは組織として自立していないので魅力を感じません。やはり、いい組織は、その人がいなくても、しっかり機能していることが大切で、それが未来につながる組織なのです。

ボトムアップ理論のミッションは、「自主自立の人間育成」ですから、チームも自立へと向かいます。育つ組織は自立型の組織です。リーダーがいなくとも動いていくように想定して育成することが完成形となります。

私は2011年に現在の安芸南高校に異動になり、前任の広島観音高校を離れて6年が経ちました。その後の広島観音高校は、後任の監督として、私の大学の後輩たちに引き継がれましたが、私が実践してきたボトムアップ理論を彼らなりに受け継いでくれています。

現在は、2012年全国高校サッカー選手権広島県代表となり全国大会の切符を獲得し、今年度は、高円寺杯プリンスリーグ中国に復帰し、2008年全国高校サッカー選手権大会優勝の広島皆実高校と2016年インターハイベスト8の瀬戸内高校とは、広島県トップクラスのライバル関係を維持しています。また今年の高校総体広島県大会で広島観音高校が見事優勝し、10年ぶりのインターハイ出場を決めました。しっかりとボトムアップ理論が受け継がれている証拠です。

ボトムアップ理論は、選手たちが自立型組織を構築していくので、監督が次から次へと変わっても、組織としては軸がブレずに機能することを証明してくれたのです。

実際に「監督いらないじゃないですか」というエピソードがあります。

2006年に広島観音高校が全国総体全国優勝したときは、まさに「監督いらないじゃないですか」という状況でした。それというのも、全国大会に臨んだ10日間は、すべてにおいて、ボトムアップが最大限の機能をしたという印象だからです。

日頃から選手たちは、やってきたことを真摯に進めていました。本当に日に日に選手たちの自発的なチーム運営はクオリティを上げていくばかりでした。ミーティングも練習もメンバー選考スカウティングもすべて選手が運営進行しました。私は監督として仕事がなく、当時のスタッフでフィジカルトレーナーの伊藤和之氏と「二人でコーヒー飲んでいたら優勝したね」とよく当時のことを話します。

本当にボトムアップで育った選手たちのすばらしさを痛感した出来事でした。普通、監督がする仕事は、すべて選手がやるので、監督不在でも問題ないといっても過言ではありませんでした。

安芸南高校も、いつかは私も異動になり去っていくのですから、私がいなくなっても大丈夫だといえる組織に育てていきたいと考えています。

33

広告宣伝がなくても行列ができる飲食店

■人間力が人を惹きつける

お店がオープンのとき、よく広告宣伝をします。最初は行列ができて繁盛しているのですが、味が本物でなければ、のちに一人、二人と客足が遠のくと、いずれ誰も並ばなくなるような状況になることがあります。

一番いいお店とは、広告宣伝をしなくても、味やサービスのよさが人伝えになって、最初は行列すらできなかったのに、自然に一人二人とお客さんが増えていくようなお店ではないでしょうか。

人を惹きつける魅力があれば、そこから、何年、何十年と経営を続けて、未来につなげることができるのです。つまり、つなげていくには、そういった魅力ある組織にしなければならないということです。

安芸南高校は、選手のスポーツ推薦や私学のような奨学生制度もありません。私自身も、学区近くの中学校へ出向いて、サッカー部の選手を獲得するための活動をしたことがありません。

しかし、昨年度の入学志願者の倍率は、1・74倍で広島県の公立高校92校の中で3番目でした。サッカー部の部員数も赴任当初は約40人でしたが、2倍の約80人までに増えてきました。

企業においても、5年で1割しか経営が続かない時代だといわれていますが、**人間力の高い人材が自然と集まり、中身で育つ、中身でつながる組織を育てることで継続する組織になる**のです。

それでは、こういった組織にするにはどうするかということですが、組織は人ですから、人間力のある人がたくさんいる組織にしていくことです。その魅力で人が集まり、組織が未来につながるのです。

■ボトムアップ理論を導入した店舗の経営

広島観音高校サッカー部の教え子である住岡健太君が2013年に広島市内にオーガニックのイタリアンベジタバル「パインビレッジ」をオープンさせました。

大阪から若い料理長を呼んできた、こだわりのオーガニック料理のお店で、私も立ち上げのときには、店のコンセプトづくりに参加したものです。広島市西区のJR西日本の横川駅からは少し離れた場所なのですが、派手な広告は一切せずに、口コミだけでコツコツとやっていたところ、評判になり、いつもにぎわっています。

時々、私が予約を入れようとしても「先生、すみません。今日は予約でいっぱいで」なんてこともよくあります。

ここのオーナーは、住岡健太なのですが、いつも彼は、若い料理長やスタッフに任せています。若い料理長やスタッフに料理づくり、食材の仕入れ交渉やマネジメントなども任せ、自分はお店を開けながら自立型営業をめざしていました。

ボトムアップ理論でスタッフを育成し、ボトムアップ理論で店の経営をしているのです。そして、今は、店の経営権を料理長に譲り、新しい事業の準備に取り組んでいます。教え子たちの夢への挑戦に私も勇気づけられています。

34 リーダーはいつも背中で語る

■言葉で教えず、観て・感じて・気づかせる

私がいま、ボトムアップ理論で育成をすることができているのは、小中学校時代の恩師・浜本先生の背中を見て育ったからです。

とはいっても、浜本先生から指導論を教えてもらったわけでもありません。浜本先生の言動や行動を追いながら、自分の中でイメージを感じて、考えていったのです。浜本先生の言葉を綴った浜本語録のノートも、自分で感じて表記したものです。

浜本先生から「ええか、喜美夫、こうして、こうするんで」と言われたことはありません。それなのに、結局、浜本先生の時代を私がつなげていくことになるわけで

す。リーダーは自分の背中をしっかりと教え子に見せることで時代をつなげていくのです。

それは、決して言葉で教えるのではなく、教え子に**「観て」、「感じて」、「気づかせる」**のです。そして、**考えて行動するように導く**のです。

人は受身の姿勢では、結構忘れてしまいがちですが、能動的に動いていったことは忘れません。ですから、言葉で教えず、自らの意志で、「観て」、「感じて」「気づく」ように訴求していくことが大切なのです。

2017年度の高校総体広島県大会で安芸南高校サッカー部は、地区予選を突破し、県大会に出場したものの、一回戦で敗退し、県ベスト32で終わりました。しかし、選手たちは誰でも「見えるプロセス」として残念ながら敗退という形になりましたが、「見えないプロセス」として、5月1日から約1ヵ月間のスケジュールを作成して、私に見せに来ました。普通は、監督である私の仕事ですが、選手たちはみんなで話し合い、1ヵ月間に予定されている県リーグや学校の中間試験、そして最終調整をどの時点でするかといったチームの行動スケジュールを事細かく考えて提出してきました。私は感心させられるばかりでした。

チーム内では、このような上級生の行動を、次に最上級生となる2年生や1年生のキャプテンを中心に見ているのです。結果だけではない3年生の先輩の背中を見て、下級生は時代をつなげていくのです。

それにしても3年生は、入学してからボトムアップ理論に取り組み、ここまで成長していったのです。子どもたちの潜在能力は本当に無限大です。

安芸南高校では、毎年4月に、3年生の卒業、新入生の入部を受けて、部員の3分の1が入れ替わります。組織としては、3年間ボトムアップで育成したトップ集団がいなくなるのですから、再構築をするのは大変なことです。会社であれば、入社暦のない社員がやめることはあるかもしれませんが、毎年幹部クラスがごそっとやめていくことはあまりないでしょう。

高校のチームは、毎年4月から新たなトップ集団の再構築を余儀なくされます。だからこそ、次につながる人材を育てる組織をつくる必要があるのです。

広島観音高校が、私の在籍した最後の7年間に、なぜ毎年、全国大会に出場ができたのかと考えると、先輩の背中を、後輩が「観て」「感じて」「気づく」「実行する」というボトムアップ理論の主軸、風土が組織として受け継がれていたからだと考えます。

また、今の安芸南高校も選手のパフォーマンスがものすごく上がったわけではありませんが、2年連続ベスト8や、3年連続で県大会に出場できているのは、ボトムアップ理論の風土が組織に受け継がれているからでしょう。

リーダーは背中で、次世代に語ることを忘れないでください。

おわりに

『チームスポーツに学ぶボトムアップ理論』は、いかがでしたか。近年、ボトムアップの視察、研修、講演依頼が企業、経済団体からオファーをいただくことが増え、また、経営者の方々にサッカーというチームスポーツから人材育成、組織構築といった視点でボトムアップがお役に立てるならばと筆をとりました。

私自身は、県立高校の一教員であり、サッカーの指導者で、決して経営のコンサルタントができるような立場ではありません。ですから、必死に経営に尽力されている方々に、指南するのはおこがましい限りです。ただ、ボトムアップ理論で育成している子どもたちが将来、社会に出て、一人でも生き抜ける人間力を身につけ、そして、社会にもボトムアップを重視した環境の企業や団体が増え、さらには自分で考えて判断し行動する人材とその組織を引っ張っていくリーダーの輩出が自分の人生のミッションだと考えているからです。チャレンジしなければ、現状は進展しません。伝統継承と革新は、これからの問題解決には不可欠だと思います。

最後に、本書の中に、何度も登場している私の小学校、中学校のサッカーの恩師・浜本敏勝先生には、サッカーをプレーしている期間、サッカー指導者としての期間、計40年間にわたり、私が「ボトムアップ理論」を確立するにあたっての熱意あるアドバイスをたくさんいただきました。このような本を出版することができたのも、先生との出会いがすべてです。ですから、本書は浜本先生から私の指導への40年の集大成といえます。本当に感謝しています。

また、私の講演でご縁ができ、ボトムアップの活用事例で取材協力いただいた、ダイキチカバーオールさん、ビリー・ザ・キッドさん、リトルニュートンインターナショナル幼稚舎さんにも、ご協力の感謝を申し上げます。これからもボトムアップで素敵な人材、組織を育てていきましょう。

広島県立安芸南高校サッカー部監督
一般社団法人ボトムアップパーソンズ協会 代表
畑 喜美夫

畑 喜美夫（はた・きみお）

1965年11月27日生まれ。広島県広島市出身。広島県立安芸南高校教諭。小学2年生から 広島大河フットボールクラブでサッカーを始め、東海大一高校（現・東海大学付属静岡翔洋高校）、順天堂大学でプレー。高校・大学時代は U-17・U-20日本代表にも選ばれ、大学時代は関東選手権、総理大臣杯、全日本インカレの三冠に貢献。社会人でも国民体育大会で優勝し全国制覇を3度果たした。卒業後は、廿日市西高校を経て、1997年に広島観音高校へ赴任。指導者として「選手主体のボトムアップ理論」を用い、2003年に初の全国大会に導き、2006年には全国高等学校総合体育大会サッカー競技大会（インターハイ）で初出場初優勝の全国制覇の快挙を果たした。その後も数々のタイトルを獲り、全国大会も12度出場。日本サッカー協会公認 A 級ライセンス、日本体育協会上級コーチも取得している。2009年には U-16日本代表コーチに就任した。現在は広島県立安芸南高校にてサッカー部監督を務める。

著書に『まんがでみる ボトムアップ理論』(ザメディアジョン)、『子どもが自ら考えて行動する力を引き出す 魔法のサッカーコーチング』（カンゼン）などがある。その他、テレビ、雑誌特集、新聞、DVD、ラジオ、J リーグ解説など多方面で活躍している。

2014年4月に一般社団法人ボトムアップパーソンズ協会を設立し、代表理事を務め、全国各地への講演活動は年間90講演こなし、未就園児の育成教育からビジネスの人材育成まで幅広く行う。

一般社団法人ボトムアップパーソンズ協会
http://bup-hiroshima.wixsite.com/bup-hiroshima

ブックデザイン　二ノ宮 匡
DTP　株式会社ライブ
編集協力　山本 安彦、山本 浩之、小澤 祐作
特別協力　広島県立安芸南高等学校
ダイキチカバーオール株式会社
リトルニュートンインターナショナル幼稚舎
カラオケスタジオ「ビリー・ザ・キッド」
編集　吉村 洋人（カンゼン）

チームスポーツに学ぶボトムアップ理論
高校サッカー界の革新者が明かす最強の組織づくり

発行日　2017年7月18日　初版

著　者　畑 喜美夫
発行人　坪井義哉
発行所　株式会社カンゼン
〒101-0021　東京都千代田区外神田2-7-1 開花ビル
TEL 03（5295）7723
FAX 03（5295）7725
http://www.kanzen.jp/
郵便振替　00150-7-130339
印刷・製本　株式会社シナノ

ISBN 978-4-86255-418-5　Printed in Japan
定価はカバーに表示してあります。
本書に関するご意見、ご感想に関しましては、kanso@kanzen.jp まで E メールにてお寄せください。
お待ちしております。

株式会社カンゼンは『JFAこころのプロジェクト』支援企業です。

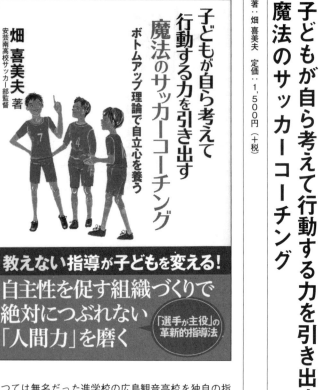